银行业从业入门必读书

卢明明　编著

人民邮电出版社
北　京

图书在版编目（ＣＩＰ）数据

银行业从业入门必读书 / 卢明明编著. -- 北京：
人民邮电出版社，2016.4（2024.7重印）
ISBN 978-7-115-41737-4

Ⅰ. ①银… Ⅱ. ①卢… Ⅲ. ①银行－基本知识 Ⅳ.
①F83

中国版本图书馆CIP数据核字(2016)第021425号

内 容 提 要

什么是银行？我国银行是怎样形成和发展的？银行有什么业务？银行有哪些部门？怎样才能进入银行工作？

本书针对以上问题，从机构篇、业务篇、个人篇三个角度对银行业进行了详细介绍，围绕我国银行业概况、银行业的监管、银行的业务（存款业务、信贷业务、银行卡业务等）、银行业风险控制、银行的组织结构等内容，向读者展示了最真实的银行运营环境。

对银行业感兴趣的读者，可以通过本书了解银行的基础知识和真实状况；想进入银行工作的大学生或在银行工作的职场新人，阅读本书后可以掌握从业必备知识。

◆ 编　著　卢明明
　　责任编辑　李宝琳
　　执行编辑　任佳蓓
　　责任印制　焦志炜

◆ 人民邮电出版社出版发行　　北京市丰台区成寿寺路11号
　　邮编　100164　电子邮件　315@ ptpress. com. cn
　　网址 https://www.ptpress.com.cn
　　涿州市般润文化传播有限公司印刷

◆ 开本：787×1092　1/16
　　印张：13　　　　　　　　　　2016 年 4 月第 1 版
　　字数：260 千字　　　　　2024 年 7 月河北第 34 次印刷

定　价：39.00 元

读者服务热线：（010）81055656　印装质量热线：（010）81055316
反盗版热线：（010）81055315

广告经营许可证：京东市监广登字 20170147 号

前　言

生活中，人们对银行并不陌生，上班族们每月发完工资必然要去的地方是银行，老板们发工资之前需要到银行办理必要的手续，财务部门更是时常与银行打着各种各样的交道。

走在大街上，银行更是随处可见，中国银行、中国工商银行、中国农业银行、中国建设银行等，让人数不胜数。银行，在不知不觉中，已经成为人们生活必不可少的机构。

本书内容立足于对银行业进行系统的介绍，从机构篇、业务篇、个人篇三个角度全方位介绍银行业的具体情况，希望能够帮助读者建立起对银行业和银行的立体感知。

其中，机构篇由三章内容构成，从银行业概况、我国银行业的发展情况和对银行业的监管三方面介绍了银行业的基本知识和行业状况。

业务篇是本书的重点，由六章内容构成，不仅介绍了银行的主要业务，即存款业务、信贷业务、银行卡业务；还介绍了网上银行和手机银行等银行新兴业务。此外，本篇还对银行业的风险管理进行了说明。希望通过全方位且详细的阐述，能给读者勾画一个清晰的银行业务网络，并让读者了解银行在业务处理中对风险的管理情况。

个人篇由三章内容构成，阐述了银行的组织结构、银行新员工培训，以及银行校园招聘等内容，为读者展现了银行清晰的结构脉络和招聘、培训等内容。

本书具有以下特点。

1. 内容丰富

本书由三篇共十二章组成，全方位介绍了银行的运作之道，其中穿插了大量的图表、流程图，内容清晰明了，便于读者阅读。书中涉及的各项规章制度有很大的参考价值。

2. 表述方式多样化

为了避免大段文字表述带来的视觉和阅读疲劳，也为了让内容更加清晰、直观，作者在编写本书的过程中尽可能地采用表格和图片来对问题进行说明，使表达方式更为丰富，阅读起来更加轻松。

3. 趣味性与知识性并重

本书从内容编排上看接近工具类书籍，但在写作过程中注重增加趣味性，结合银行的实操性特点，穿插有贴近实际的案例，消除了读者在阅读过程中的陌生感。

本书在策划与编写过程中，得到了崔慧勇、耿丽丽、许亮、卢明明、李莉影、陈云娇、于海力、冯少敏、张云叶、任学武、刘瑾、贺延飞、靳鹤、王俊娜、卢光光等人的大力支持和帮助，在此向他们深表谢意。

由于编者水平有限，书中难免有疏漏之处，在此恳请读者批评指正。

目 录

机构篇

业务篇

个人篇

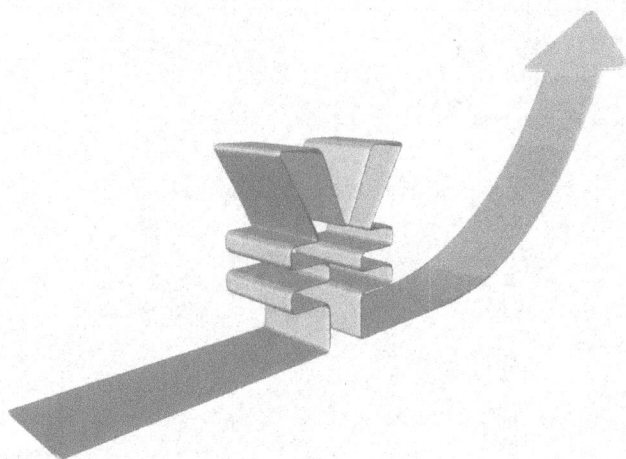

机 构 篇

随着经济的迅速发展和生活水平的极大提高，人们越来越多地需要和银行打交道。存钱、取款、转账甚至于网上订票都与银行有着千丝万缕的联系，人们的生活点滴逐渐开始贴上了银行的标签。

那究竟什么是银行？它的起源和发展又是怎样的？全球有哪些龙头银行企业？相信很多人对这些问题都不是很清楚，接下来就让我们一起走进银行的世界吧。

第一章
走进银行

鉴于银行在生活中扮演着重要的角色，我们应当对它有一个正确的认识，以便更好地利用银行的服务。本章主要是从宏观的角度去介绍银行及其发展的，希望可以帮助读者建立一个对银行的宏观认识和整体印象。

| 银行初印象 |

银行是通过存款、贷款、汇兑、储蓄等业务，承担信用中介的金融机构（如下图所示）。银行是金融机构之一，而且是最主要的金融机构，它主要的业务范围有吸收公众存款、发放贷款以及办理票据贴现等。

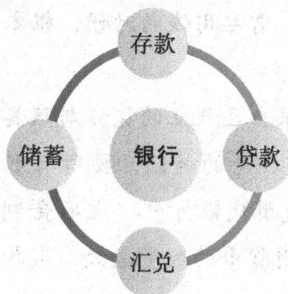

银行按类型分为中央银行、商业银行、投资银行、政策性银行和世界银行，具体内容如下表所示。

中央银行	"中国人民银行"是我国的中央银行
商业银行	我们常指的银行就属于商业银行，如中国工商银行、中国农业银行、中国建设银行、中国银行、交通银行等
投资银行	简称投行，国际上较有实力的投行有高盛集团、摩根士丹利、摩根大通、法国兴业银行等
政策性银行	中国进出口银行、中国农业发展银行、国家开发银行
世界银行	资助一些国家，使其克服穷困，各机构在减轻贫困和提高生活水平的使命中发挥独特的作用

一般认为，最早的银行是意大利1580年在威尼斯成立的银行。其后，荷兰在阿姆斯特丹、德国在汉堡、英国在伦敦也相继设立了银行。18世纪末至19世纪初，银行普遍得到了发展。

一、 银行的起源

现代银行诞生于17世纪60年代末，关于银行的诞生过程，有这样一个有趣的故事。

在17世纪，一些平民通过经商致富，成了有钱的商人。他们为了安全，都把钱存放在国王的金库里。这里要注意，那个时候还没有纸币，所谓存钱就是指存放黄金。

因为那时实行"自由铸币"制度，任何人都可以把金块拿到铸币厂里铸造成金币，所以铸币厂允许顾客存放黄金。但是这些商人并没有意识到，铸币厂是属于国王的，如果国王想动用铸币厂里的黄金，他们根本无法阻止。1638年，英国的国王是查理一世，他同苏格兰贵族爆发了战争，为了筹措军费，他就征用了铸币厂里平民的黄金。

虽然被征用的黄金最终都还给了原来的主人，但是商人们感到，铸币厂不再安全了。于是，他们把钱存到了金匠那里。金匠为存钱的人开立了凭证，以后拿着凭证，就可以取出黄金。很快地，商人们就发现，需要用钱的时候，根本不需要取出黄金，只要把黄金凭证交给对方就可以了。

再后来，金匠恍然大悟，原来自己开立的凭证居然具有货币的效力！他们抵抗不了诱惑，就开始开立"假凭证"。但是神奇的是，只要所有客户不是同一天来取黄金，"假凭证"就等同于"真凭证"。这就是现代银行中"准备金制度"的起源，也是"货币创造"机制的起源。银行体系可以将信用货币的数量放大，实物货币就做不到这一点。

二、 银行的发展

银行诞生以后，就开始蓬勃发展，下表为银行各发展阶段的具体内容。

发展阶段	具体内容
初期银行时期	近代最早的银行是 1580 年建于意大利的威尼斯银行。此后，1593 年在米兰、1609 年在阿姆斯特丹、1621 年在纽伦堡、1629 年在汉堡以及其他城市也相继建立了银行。当时这些银行主要的放款对象是政府，并带有高利贷性质，因而不能适应资本主义工商业发展的要求
股份银行兴起时期	最早出现的按资本主义原则组织起来的股份银行是 1694 年成立的英格兰银行。到 18 世纪末 19 世纪初，规模巨大的股份银行纷纷建立，成为资本主义银行的主要形式
中央银行兴起时期	随着信用经济的进一步发展和国家对社会经济生活干预的不断加强，又产生了建立中央银行的客观要求。1844 年改组后的英格兰银行可视为资本主义国家中央银行的鼻祖。到 19 世纪后半期，西方各国都相继设立了中央银行
世界性银行组织兴起时期	20 世纪以来，随着国际贸易和国际金融的迅速发展，在世界各地陆续建立起一批世界性或地区性的银行组织，例如 1930 年成立的国际清算银行，1945 年成立的国际复兴开发银行（即世界银行），1956 年成立的国际金融公司等

三、 银行业发展状况

银行业经过几个世纪的发展，到了现代社会又出现了新的变化，全球商业银行的国际化发展和银行网络化表现更加突出。

1. 商业银行国际化

商业银行国际化共有四个特征，具体内容如下表所示。

特征	具体内容
银行股权的多国化	任何外国投资者都可以通过证券市场投资成为银行的股东：西方一些大银行作为上市公司，其股票大多在两个或三个甚至四个不同的国家或地区上市，如汇丰银行的股票在伦敦、香港和纽约等交易所上市

（续）

特征	具体内容
国际银行资本的集中化和营销网络的全球化	为了增强国际竞争力，国际银行大规模合并，不断扩大全球市场份额，当今世界前50名大银行基本上全是跨国银行。例如，1998年花旗银行和旅行者集团合并后，花旗银行一级资本位居全球银行业第一，分支机构遍布美洲、欧洲、亚洲和非洲近100个国家与地区；1998年德国和美国信孚银行合并，其银行总资产排名世界第一，在欧洲、北美、澳洲和亚非拉等地拥有44个主要分行，超过800家分支机构
国际业务的客户和海外利润比重不断扩大，已超过本土的份额	机构延伸到国外后，银行积极争取当地的客户，在许多大银行中，如花旗、汇丰的国际业务、国外银行资本规模、海外利润对全行的贡献都已经大大超过了其本土的份额
银行雇员的国际化	一是银行的海外机构拥有大量的海外员工；二是即使在本土，国内的总行和分支机构也拥有较多的外籍员工，通过不同文化、观念和意识的混合冲击，可以提高员工的整体素质。例如，瑞士联合银行的海外员工占1/3以上；汇丰银行1999年在欧洲雇用5.4万人，在中国香港雇用2.4万人，在北美雇用1.95万人，在拉丁美洲雇用2.7万人，在其他地区雇用2.1万人

2. 银行网络化

由于 IT 的发展和因特网的普及，资讯企业逐步向银行业渗透，出现了网上银行。网上银行便捷、灵活的服务方式强烈地吸引着客户，尤其是高层次、成长型、高价值的年轻客户的"注意力"，而这种注意力已经成为 21 世纪商家争夺的焦点和利润的来源。

同时，诸如新型企业的银行业务、中间业务（如证券交易、网上收费等）、网上支付功能、多样化的电子支付手段以及银行呼叫中心服务等网上银行业务日益多样化，个性化的服务手段及良好的发展前景，将使银行和客户之间实现"无缝"联系成为可能，从而实现与客户的"零距离"沟通。

由于网上银行具有这些得天独厚的优势，自 1995 年 10 月 18 日全球第一家网络银行"安全第一网络银行"在美国诞生以来，网上银行很快成为西方银行业着重发展的领域。目前世界排名第一位的美国花旗银行，从 1995 年起就开始向客户提供网上服务；瑞典 SEB 银行和荷兰银行通过网上银行进行跨国收购；澳大利亚和新西兰也有多家银行提供网上金融交易；新加坡政府也在推动金融电子交易。据统计，在全球范围内，网上银行的用户每年都在成倍地增长。下图为我国 2003 年到 2010 年网上银行用户的增加量和增长率。

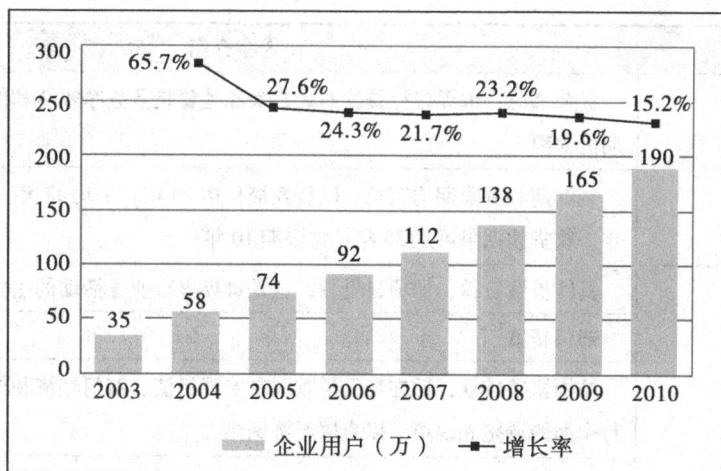

| 银行业龙头企业经典回顾 |

在简单了解银行业的发展历程后，我们对银行有了一个初步的印象，为了让大家能够对银行业有更加深入的了解，接下来介绍银行业中的两个龙头企业：世界银行、花旗银行。

一、世界银行

世界银行是世界银行集团的简称，由国际复兴开发银行、国际开发协会、国际金融公司、多边投资担保机构和国际投资争端解决中心五个成员机构组成。狭义的"世界银行"仅指国际复兴开发银行和国际开发协会。

向成员国尤其发展中国家提供贷款是世界银行最主要的业务。世界银行贷款从项目的确定到贷款的归还，有严格的条件和程序，其具体内容见下表。

项目	内容介绍
贷款特点	世界银行贷款以促进发展中国家的经济发展和社会进步为基本原则，因此其项目主要集中于基础设施（如能源、交通）、农业、社会发展（如教育、卫生）以及工业开发部门

（续）

项目	内容介绍
贷款特点	资金来源：世界银行贷款的资金来源主要是业务净收益和借款国偿还的到期借款额
	贷款期和宽限期均较长：硬贷款最长达 20 年，平均 17 年，宽限期为 3~5 年；软贷款期限可达 35 年，宽限期 10 年
贷款种类	具体投资贷款，即项目贷款，这是世界银行业务活动的主要组成部分
	部门贷款
	结构调整贷款，旨在帮助借款国在宏观经济、部门经济和机构体制方面进行全面的调整和改革，以克服经济困难
	技术援助贷款，目的是加强贷款国有关机构制定发展政策和准备具体的投资项目的能力
贷款条件	世界银行对单一国家的贷款限额为 135 亿美元
	贷款利率为每六个月调整一次的浮动利率，1998 年 1 月 1 日起国际复兴开发银行的贷款利率为 6.3%
	贷款偿还期限为 15~20 年（含宽限期 5 年），承诺费为 0.25%~0.75%
	借款费用一般在财政年度中期进行审查，每 12 个月做一次估算，对新批准的贷款征收手续费
	贷款的对象是会员国政府
贷款程序	项目选定
	项目准备
	项目评估
	项目谈判
	项目执行
	项目后评价
在中国的贷款业务	目前，世界银行通过两种方式给中国特别贫穷地区贷款：一种是世界银行与其他能够提供软贷款的多边组织和团体联合；另一种是安排一些既有社会价值，又能带来商业利益的项目。未来世界银行在中国的大部分贷款将用于基础设施项目，如中国西部的高速公路、水利建设事业等

中国作为世界银行的成员国之一，近些年与它的关系也越来越密切，在世界银行中的排名也越来越高。下图可看出 2010 年我国在世界银行中成为第三股东。

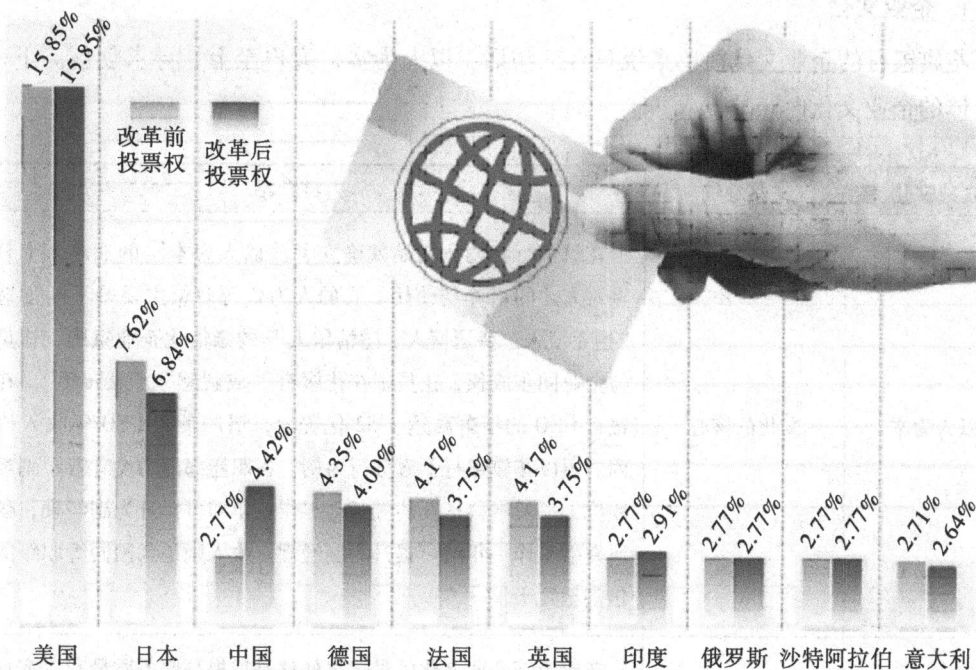

从 1981 年世界银行向中国贷出第一笔款项到现在，它为中国的文化、经济和社会发展项目提供了很多帮助。世界银行对中国每年的贷款平均都在 10 亿美元，而且对中国的各项建设都给予了很大的帮助。当然，除了向中国提供贷款之外，世界银行还对其他成员国提供贷款，以帮助成员国进行各项设施建设。

二、花旗银行

花旗银行总部位于美国纽约派克大道 399 号，是华尔街最古老的商业银行之一。

历经近两个世纪的潜心开拓，花旗集团已经成为全球最大的金融服务机构之一，资产达 1 兆美元，于全球雇有 27 万名雇员，为一百多个国家约两亿消费者、企业、政府及机构提供品种繁多的金融产品及服务，包括消费者银行和信贷、企业和投资银行、保险、证券经纪及资产管理服务。以红色雨伞为标志的花旗集团旗下的主要品牌包括花旗银行、旅行家集团、所罗门美邦、CitiFinancial 及 Primerica 金融服务公司。

1. 企业文化

花旗银行的企业文化简单来说只有三句话：以人为本，客户至上，寻求创新。下表为其具体的企业文化内涵。

企业文化	文化地位	内容介绍
以人为本	文化的核心	花旗银行自创业初始就确立了"以人为本"的战略，十分注重对人才的培养与使用。它的人力资源政策主要是不断创造出"事业留人、待遇留人、感情留人"的亲情化企业氛围，让员工与企业同步成长，让员工在花旗有"成就感""家园感"。花旗银行CEO的年薪高达1.52亿美元，遥居美国CEO年收入榜前列。再以花旗银行上海分行为例，各职能部门均设有若干副经理职位，一般本科毕业的大学生工作三年即可提升为副经理，硕士研究生工作一年就可提升为副经理，收入则是我国同等职级的几倍甚至几十倍
客户至上	文化的灵魂	花旗银行企业文化的最优之处就是把提高服务质量和以客户为中心作为银行的长期策略，并充分认识到实施这一战略的关键是要有吸引客户的品牌。经过潜心探索，花旗银行获得了成功。目前花旗银行的业务市场覆盖全球100多个国家的1亿多位客户，服务品牌享誉世界，在众多客户眼里，"花旗"两字代表了一种世界级的金融服务标准
寻求创新	文化的升华	在花旗银行，大到发展战略、小到服务形式都在不断进行创新。它相信，转变性与大胆性的决策是企业突破性发展的关键，并且如果你能预见未来，你就拥有未来。这就是说，企业必须永无止境、永不间断地进行创新

2. 主要业务范围

花旗银行作为唯一一家推行全球业务战略的银行，不单为遍及56个国家的5 000万消费者提供服务，也在近100个国家为跨国、跨区及当地的企业客户服务。除了花旗银行，没有哪家金融机构的业务和资源足以在如此之多的地方，应付如此之多的需要。花旗银行已成为金融服务的世界品牌。花旗银行的名称即意味着服务，不仅是满足客户的需要，更要比客户预期的做得更好。它的主要业务内容如下表所示。

业务名称	业务介绍
电子银行业务	通过花旗银行的计算机、自动柜员机或花旗电话银行，在一年 365 天、一天 24 小时内都可得到安全而便捷的服务
信用卡业务	世界范围内，花旗银行的信用卡客户都可通过花旗银行发行的信用卡，或花旗银行与其他知名机构共同发行的信用卡满足消费需求，花旗银行是全球最大的信用卡发行机构
私人银行业务	花旗银行在 32 个国家中从事私人银行业务的员工可透过银行的人才、产品及策略网络，令客户获得全球投资组合的第一手资料，花旗银行协助客户寻求投资机会及识别投资风险
新兴市场业务	花旗银行在新兴市场服务客户接近 100 年，源远流长，并取得了长足的发展。花旗银行就像一家当地商业银行一样，持有营业执照，了解当地市场，并拥有训练有素的当地雇员，配合着跨区域性的优势向客户提供世界水平的银行服务，这是花旗银行与众不同的优势
企业银行业务	花旗银行在 100 多个国家与全球性、区域性和地方性公司客户进行着合作。它在世界各地的市场所涉及的深度和广度是企业银行业务的基石。无论是在国内，还是在世界任何地方，均可得到花旗银行优质的服务和专业的建议
跨国公司业务	花旗银行同许多著名的跨国公司之间的成功合作，是基于花旗银行数十年来所积累的银行业关系和经验。这些公司大多希望向海外扩展，特别是向新兴市场扩展

前面阐述了银行的起源和发展，并介绍了银行业的龙头企业。那我国的银行是什么时候形成的呢？又是如何发展的？我国银行业的现状怎样？又有什么样的发展前景？本章就以上问题进行详细的解说，希望可以帮助读者对我国银行业有一个清晰的认知。

| 我国银行业的起源与发展 |

一、 我国银行业的起源

中国历史上很早就出现了借贷行为，在战国时期，放债取息的事例就很多。《史记·货殖列传》载有齐国孟尝君豢养食客千余，放债取息，年收息 10 万以上的事情。从下面这个小故事也同样能看出关于银行的一些信息。

债台高筑的故事

据《东周列国志》记载，战国时，周朝最后一个天子周郝王姬延懦弱无能，然心怀雄心。图谋合楚、燕等国之力攻打秦国，但虑军饷不足，乃向国内富者借贷，允以凯旋后倍利偿还。不料，未及与秦交战，周王已惧而撤归，而所贷之军饷已用罄。斯时，索债者日聚宫前嚣骂，使之胆战心惊，迫匿于宫中高台中，不敢下矣，后人遂将此台称为"逃债台"。"债台高筑"这一成语，直到今天仍然被用来形容欠债很多，无法偿还。

到唐代，我国就有了经营货币兑换、生金银买卖业务的机构，如"柜坊"。到了北宋时期，金融业有了进一步发展，出现了"交子铺"，之后又出现了典当、钱庄、银号等金融机构，这些都是银行出现以前比较发达的金融机构。然而，这些金融机构，不论是钱庄还是银号，一般来说仍是从事货币兑换的组织，属于商业资本，与产业资本无关，不是经营存放款业务的银行业。古老的典当业由于其高利贷性质，属于高利贷资本，也不是银行业。

1. 钱庄

钱庄亦称钱店、钱铺，是我国一种以货币兑换、信贷活动为主要业务的旧式金融机构。但是因为当时的业务内容和活动范围都非常有限，所以它只是"货币经营业最原始的形式"。

明英宗正统年间，大明宝钞贬值，政府放松用银禁令，银钱公开流通。此后几代，由于私钱庞杂，铜钱轻重不一，成色各异，制钱、私钱、白钱三者之间的比价差异大，变动多，兑换业更为发达。例如，嘉靖时大开铸炉，钱币名类繁多，单是制钱就有金背、旋边等几十种名目。在此情况下，贩卖铜钱和私铸私熔的更多，于是出现若干专营铜钱兑换的金融组织，称为钱店，又叫钱铺、钱庄、兑店、钱肆、钱桌或钱摊。

嘉靖八年，私贩铜钱猖獗，朝廷下令禁止贩卖铜钱。这导致经营货币兑换业务的钱桌、钱铺等"私相结约，各闭钱市，以致物价翔踊"。明万历五年，庞尚鹏奏准设立钱铺，是为钱铺法定之始，以市镇中殷实户充任，随其资金多寡，向官府买进制钱，以通交易。

从钱铺发展到钱庄，开始的时候，许多钱庄并非单纯做银钱兑换，往往兼营其他行业。例如，上海钱庄的鼻祖为"浙江绍兴人"，传说乾隆年间他在南市老城厢开设炭栈兼做银钱兑换生意；宁波钱业鼻祖称"方七"者，原是个鞋匠。又如南京、九江钱庄有"兼做彩票"者；乐平地方有"布店兼营者"；在南昌、上海有些钱庄因兼营米业又称"钱米店"。

明末，钱庄已成为一种独立经营的金融组织，不仅经营兑换，还办放款，提供签发帖子取款的便利，原来在两地联号汇兑的会票，也成为钱庄发行有钞票性质的信用流通工具。此外，若干小规模的兑钱铺、钱米铺等，在农村相当活跃。

随着钱庄的发展、家数增多，到清朝，各地先后出现了钱庄的行会组织。

2. 账局

清代中后期，中国的金融业获得了长足的发展，虽然钱庄在当时已非常普遍，而且也有了多种多样的经营形式，但如果按近代银行的标准来衡量，其标志性的三大业务（吸收存款、向工商业发放贷款以及进行跨地区的兑换），在当时的中国还尚无一家金融机构来专门从事。账局的出现，填补了这一方面的空白，它将中国金融业的发展，推到了一个新的阶段。

在中国，高利贷资本和货币兑换资本没有转化为银行业，银行业产生的唯一途径只能是产业资本或商业资本创造一种自己的银行业，这就是账局。从清末资料中发现，创办最早的一家账局，名叫"祥发永"，乾隆元年开设于张家口。开设较早的账局还有"永泰公""大升玉"等52家。"账局"是社会上按其经营业务的性质，取其放账之义而命名的。

为什么把账局看作是中国最早的银行业呢？这是以它经营业务的内容来判断的。账局经营的业务是存款和放款，只要经营存款和放款，它就起着银行的中介作用，把借者和贷者集中在自己手里，成为借者和贷者的总代表。

账局放款的对象，是工商业者与官吏。两者相比，账局为工商业服务是主要的，因而决定其性质。对官吏放款是次要的，并不影响账局银行业的性质。账局的利息率是低微的。利息率高低是区分借贷资本和高利贷资本的一个重要标志。工商业从账局借款的利息率，比当时官限当铺的3分利低84%～87%，比民间借贷利息率低81%～95%，反过来说，工商业从账局借款所支付的利息，只等于支付当铺利息的13%～16%，等于民间借贷支付利息的5%～19%，工商业当然是有利可图的。

3. 票号

国内、国际贸易的发展以及农民起义和灾荒形成的社会不安定，对中国传统的运送现银的货币清算方式提出了挑战，社会对新的更安全、更快捷的汇兑方式产生了需求。与此同时，民信局的创办又为经营新式汇兑业务所需传递的汇票、信件提供了条件，这就是继账局之后我国又产生票号的历史必然。

二、我国银行业的发展

虽然我国银行形成的时间较晚，但是在一百多年的时间里，也经历了诸多发展阶段。在这里，可以将我国银行的发展归纳为四个阶段：清末发展阶段、民国发展阶段、新中国发展阶段、新时期发展阶段（如下图所示）。

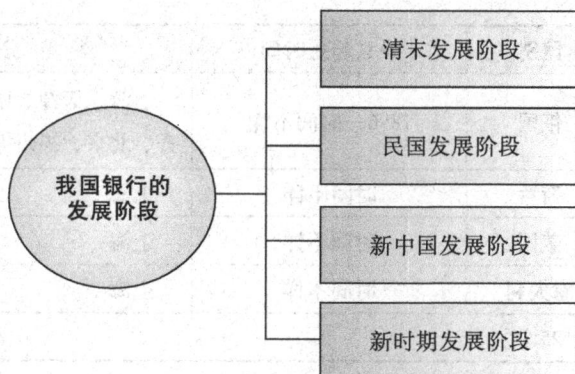

1. 清末发展阶段

中国出现近代化的银行始于鸦片战争之后。一般认为1847年在上海开设分行的英国丽如银行是中国近代最早的银行。而19世纪后期在中国活跃的外国银行或中外合资银行有英国的汇丰银行、惠通银行,法国的法兰西银行、东方汇理银行,德国的德华银行,俄国的华俄道胜银行等。

中国人自己开办的第一家银行是中国通商银行,由清末实业家盛宣怀于1897年在上海创办,利用他任督办的招商局和电报局投资,同时拉其他官僚包括李鸿章等人入股,其组织管理和营业规则均参照外商银行,设立董事会,在全国各地开设分行。该行成立之初,就被清廷许可发行银元、银两两种货币,还获得代收库银、整理币制之权。在官方的中央银行设立之后,该行才转为纯粹的商业银行。在本阶段,银行的发展主要有两个表现:一是外资银行在中国兴起;二是本国现代银行迅速成立。下表为清末在中国设立的主要外资银行。

行名	国别	设立起止时间	分支机构
丽如银行	英国	1844—1892	香港、广州、上海
汇隆银行	英国	1851—1866	广州、上海、香港、汉口、福州
麦加利银行	英国	1858—1906	上海、香港、汉口
法兰西银行	法国	1860—1906	上海
汇丰银行	英国	1865—时间不详	香港、上海、福州、宁波、汉口、厦门、广州、北京等
德意志银行	德国	1872—时间不详	上海
东方汇理银行	法国	1894—时间不详	上海、香港
横滨正金银行	日本	1893—时间不详	上海、营口、天津、北京

（续）

行名	国别	设立起止时间	分支机构
华俄道胜银行	俄国	1896—时间不详	上海、天津、哈尔滨、长春、乌鲁木齐、北京、福州等
荷兰银行	荷兰	时间不详	上海
花旗银行	美国	时间不详	上海
义利银行	意大利	时间不详	上海
其他还有 13 家，累计 25 家			

资料来源：汪敬虞《19 世纪外国在华银行势力的扩张及对中国通商口岸金融市场的控制》

除了外商在华建立银行外，中国民族资本家也开始成立现代银行。下表为清末部分城市中外银行数据统计。

城市	年份	外商银行	国内银行	账局	票号	钱庄	银号	合计
天津	1910	8	8		9	53	38	116
南京	1909		2		2	6	4	14
成都	1908		3	24	13	137	21	198
烟台	1906	1				63	9	73
汉口	1907	5	4		32	111	13	165
上海	1906	10	1		20	65		96
沙市	1907				11	30	1	42
福州	1906	3			3	36		42
长沙	1907				9	124	6	139
湘潭	1907				5	26		31
常德	1907				4	17		21
合计		27	18	24	108	668	92	937

2. 民国发展阶段

1912—1928 年北洋军阀统治时期，跟中国银行一起承担中央银行职责的还有交通银行。交通银行的历史同样可以上翻到清朝末年。1908 年，其由清政府邮传部牵头组建，为官商合股，初期目的是借款赎回被列强控制的铁路，故名交通银行。中华民国成立之后，其地位进一步上升，与中国银行一起承担发行货币、调节币制、兑换外币和代理国库收支的中央银行职责。下表为北洋政府时期国内银行统计。

行名	开业日期	性质	总部所在地
中国银行	1912	大清银行改组	北京
交通银行	1907	1914 年改组	北京
盐业银行	1915	商办	北京
金城银行	1917	商办	天津
浙江兴业银行	1907	商办	杭州
中国通商银行	1897	官商合办	上海
新华储蓄银行	1914	中、交两行合办	北京
四明银行	1908	商办	上海
上海商业储蓄银行	1915	商办	上海
中孚银行	1916	商办	天津
中华银行	1911	官办	上海
广东省银行	1920	官商合办	广州
浙江银行	1910	官商合办	杭州
江苏银行	1912	地方官办	苏州

1927 年，历史进入南京国民政府统治时期。受江浙财团资助的蒋介石政府，也十分重视银行体系的建设。1928 年，南京国民政府另组建中央银行，授予其发行纸币、代理国库、经理公债、管理外汇等特权。同时，将中国银行改组为国际外汇兑换专业银行，交通银行改组为辅助工农商矿的专职银行。

1935 年，国民党政府又组建中国农民银行，作为供给农业信用、发展农村经济的专职银行。至此，形成了当时的以四大国有银行（中央银行、中国银行、交通银行、农民银行）为基本骨架的银行体系。国民党统治后期，形成了宋子文家族控制中国银行，孔祥熙家族控制交通银行，陈果夫家族控制农民银行，四大家族官僚资本控制国有金融业的局面。

1937—1949 年，中国始终处于战争时期，这对于金融业的发展是一个桎梏。在这段时期内，银行业出现了一些发展和进步，但许多也都因为炮火而被摧毁。

3. 新中国发展阶段

1948 年中国人民银行成立，并在新中国成立的同时被赋予了国家金融产权的唯一代表地位。

对于国民党时代留下来的"四大银行"，中央银行和农民银行已随国民党迁台，留下来的中国银行和交通银行则为社会主义所用。中国银行仍旧作为经营外汇业务的专业银行，并进而成为中国人民银行的一个职能部门；1954 年在原来交通银行的基础上组建了中国人民建设银行（即现在的中国建设银行），继续承担向国家基本建设投资的政策性任务，而交通银行的其他业务也并入中国人民银行；此外，1951 年还组建了中国农业银行，作为办理支农拨款和贷款并扶持农村信用合作的专业性银行，此后中国农业银行在机构重组中曾三度合并于中国人民银行，又三度重新设立。

至于以"北四行""南三行""小四行"为代表的私营银行于 1952 年被组合为统一的"公私合营银行"，随后在 1955—1956 年并入中国人民银行储蓄部，也成为新中国金融体系的有机组成部分。

至此，新中国建立了"大一统"的金融体系，一切信用集中于国家的目标基本实现。中国人民银行既承担发行人民币、组织和调节货币流通的中央银行职责，又承担统一管理国家金融机构和金融运作的职能，同时又是开展存款、贷款、汇兑和外汇业务的商业性银行，可谓"三位一体"。

4. 新时期发展阶段

改革开放之后，中国银行业体系又一次华丽转身。"大一统"的计划经济银行体系向现代市场经济银行体系的过渡，经历了一个比较长的渐进过程，从 1979 年开始，一直到 1990 年年末才基本完成。在这个阶段，银行业的发展如下表所示。

阶段名称及时间	阶段表现
体系重建阶段 （1977—1986 年）	1979 年之前，只有单一的中国人民银行，经营中央银行和商业银行的所有业务
	1983 年，人行拆分，人民银行为中央银行，同时从中分离出四家国有专业银行，进行商业贷款和政策贷款
扩大发展阶段 （1987—1996 年）	1993 年，一些国有企业被允许设立小型股份制银行和地区银行
	1994 年，创立了三家政策性银行，同时四家国有专业银行转型为商业银行
	1995 年，发布《中国人民银行法》和《商业银行法》
深化改革阶段 （1997—2002 年）	2001 年 12 月，加入 WTO，确立放松银行管制和外资银行准入的时间表
改革攻坚阶段 （2003—2007 年）	2003—2006 年，由山东地方金融力量创办的恒丰银行改制成立，由浙江民营资本创办的浙商银行改制成立，由天津地方金融力量创办的渤海银行成立。至此，全国性的股份制商业银行增加到 13 家

（续）

阶段名称及时间	阶段表现
应对国际金融危机并不断发展壮大（2008 年至今）	2005 年至今，各大银行争相上市；2006 年 12 月，解除对外资银行的所有限制；2009 年，我国有上万家法人性质的银行业金融机构，形成了政策性银行、国有银行、股份制商业银行、城市信用社、城市商业银行、农村信用社、农村商业银行和合作银行的格局

｜我国银行业的现状与前景｜

近年来，中国银行业改革创新取得了显著的成绩，整个银行业发生了巨大的变化，在经济社会发展中发挥了重要的支撑和促进作用，有力地支持中国国民经济又好又快地发展。

一、 发展现状

当前，我国银行业取得了飞速的发展。

其近年来的成就可以概括为三个方面，具体内容如下表所示。

成就	具体表现
银行业整体竞争力显著提升	截至 2010 年 6 月末，银行业金融机构资产总额为 87.2 万亿元，负债总额为 82.3 万亿元，分别是 2003 年银监会刚成立之时资产和负债总额的 3.2 倍和 3.1 倍，全部商业银行加权平均资本充足率从 2003 年的 −2.98% 上升到 2010 年第二季度末的 11.1%，拨备覆盖率也大幅增长至 186% 2010 年英国《银行家》杂志全球前 1 000 家银行排名中，来自中国的银行从 1989 年的只有 8 家上榜增加至 84 家
银行业公司治理和风险管理明显改善	价值意识、资本约束意识、风险管理意识和品牌意识深入人心，经济资本、经济增加值和经风险调整后的资本回报等先进管理方法得到重视和应用 银行业公司治理基本框架已建立并不断完善，风险管理组织体系的独立性和专业性持续增强，业务操作流程不断优化。部分商业银行已经开始按照《巴塞尔新资本协议》的要求开发内部评级法系统 银行业金融机构积极响应银监会的倡导，主动改变业务流程和组织架构，努力满足小企业多样化、个性化和"三农"发展的融资需求，创新金融产品和金融服务，扩展业务功能

（续）

成就	具体表现
银行业审慎监管框架逐步成熟	近年来，银监会建立了包括资本充足率、拨备覆盖率、杠杆率、大额风险集中度比例控制、流动性比率等在内的全面风险监管指标体系，探索实施宏观审慎监管，提出了逆周期资本监管和动态拨备的监管框架，强化银行信贷市场和资本市场的防火墙，加强股东监管、关联关系控制和利益冲突监管，提出了房贷比率控制等一系列简单、透明、有效的监管政策，出台了"三个办法、一个指引"，对贷款风险管理和支付流程进行了革命性改革。银监会成为巴塞尔银行监管委员会和金融稳定理事会正式成员，其综合并表监管能力也逐步得到国际认可

二、 发展前景

面对当前纷繁复杂的国际形势，综合我国当前国情，可以将我国银行业的发展前景总结为"三个展望"，具体内容见下表。

三个展望	具体内容
中国银行业将更加具有竞争力	中国经济结构将更加优化，政府宏观调控能力继续提升，中国宏观经济仍将保持6%~8%的高速增长，中国银行业将继续得益于宏观经济的高速增长
	由于外部环境的改变，中国银行业将实施更加多元化的经营战略。利率市场化的进程将会加速，存贷款利差将会缩窄，传统的"吃利差"的盈利模式将难以为继
	2009年全球银行业1 000强中，中国银行业资本占9%，但盈利却占到了25%，这种局面将会改变
	一方面，大型、复杂的银行将更深入地参与国际竞争，实施"走出去"战略；另一方面，中小商业银行将选择更加多元化的经营战略，零售银行、中小企业银行、资金交易银行、社区银行等战略鲜明的银行将会越来越多
	中国经济的二元结构决定了还需要众多的、有效的农村信用社、村镇银行等中小型金融机构立足县域、服务三农，努力提高金融服务的覆盖面和有效性

（续）

三个展望	具体内容
银行业资本补充和资本约束将不断加强	从 20 世纪 90 年代开始，中国国有商业银行完成了不良资产的政策性剥离、政府注资、财务重组、股份制改造和公开上市等重大部署
	从 2005 年开始，我国商业银行经历了两轮集中的资本补充：第一轮是集中公开上市；第二轮是为应对信贷资产高速增长，在监管资本约束下的集体资本补充
	资本补充的周期性一方面说明监管资本约束在商业银行得到了很好的传导，另一方面也说明商业银行资本管理和资本规划的水平还有待提高
	未来十年，银行信贷的间接融资渠道仍将占据主导地位，国民经济的高速增长仍然有大量的信贷需求，资本补充规划将成为银行董事会的一项重要任务。银监会一直高度重视资本监管，积极推动商业银行实施《巴塞尔新资本协议》
	最近几年要求商业银行在最低资本充足率8%的基础上，还要计提逆周期附加资本和系统重要性附加资本，大型银行和中小银行资本充足率分别不低于 11.5% 和 10%
	要求商业银行拨备覆盖率达到 150% 以上，还准备引进动态拨备和杠杆率，作为资本监管的重要补充。资本和拨备作为抵补不可预期风险和可预期风险的核心工具这一理念得到了商业银行的广泛认同
	2010 年 9 月 12 日，巴塞尔委员会公布了最新的全球最低资本标准，要求将商业银行核心一级资本（普通股和留存收益）的最低要求从原来的2%提高到4.5%，同时新增要求商业银行持有 2.5% 的资本留存超额资本作为应对将来可能出现困难的缓冲
	上述两项加总，使得核心一级资本要求达到7%，这反映了国际社会对加强资本监管的共识和决心，也反映了巴塞尔委员会对银行自营交易、衍生品和资产证券化等银行活动提出更高资本要求的态度。目前，我国商业银行一级资本将近占资本的 80%，主要为普通股和留存收益的核心一级资本，总体情况是好的。进行的定量测算也表明，新的资本协议对我国当前银行业的资本补充不会形成直接的冲击
	如何引导商业银行建立资本约束和资本补充机制，是监管当局的一项重大挑战。要不断完善内源和外源的资本补充机制，提高资本吸收损失的能力和资本质量，减少资本补充的周期性，提高资本管理的能力和水平

（续）

三个展望	具体内容
银行业金融服务创新能力将显著提升	中国居民储蓄的投资需要将会快速增长，居民金融服务需求将更加多样化。随着利率、汇率等价格指标的市场化，企业风险管理的需求也会快速增长，需要银行业提供多种风险管理的金融工具
	中国银行业创新能力不足、产品同质化的现象将会得到比较大的改善，商业银行将会更加有效地处理好创新与审慎经营、注重创新与防范风险之间的关系，创新业务的全面风险管理能力将会得到大幅度的提高。银行业金融消费者保护将会得到更多的重视，创新产品的信息披露将更加及时、完善，金融消费者将更加成熟

我国银行分类

我国现有 3 家政策性银行（国家开发银行、中国进出口银行、中国农业发展银行），5 家大型商业银行（中、农、工、建、交），12 家股份制商业银行（中信、华夏、招商、深发、光大、民生、浦发、渤海、广发、兴业、恒丰、浙商），中国邮政储蓄银行，147 家城市商业银行，85 家农村商业银行，349 家村镇银行（说明：数据截至 2010 年），如下图所示。

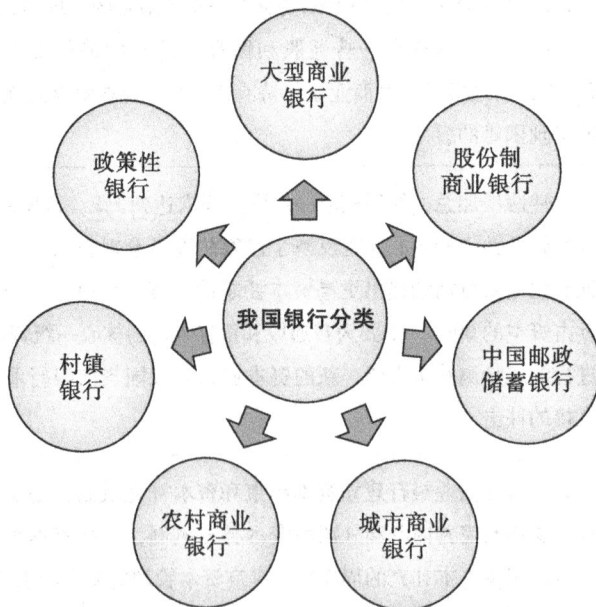

国家银行（央行）	中国人民银行
政策性银行	国家开发银行、中国进出口银行、中国农业发展银行
大型商业银行	中国工商银行、中国农业银行、中国银行、中国建设银行、交通银行
股份制商业银行	中信银行、招商银行、深圳发展银行、兴业银行 广发银行、中国光大银行、上海浦东发展银行、华夏银行 中国民生银行、恒丰银行、浙商银行、渤海银行
邮政储蓄银行	中国邮政储蓄银行
中外合资银行	中德住房储蓄银行、厦门国际银行、富邦华一银行（侨资）
外资法人银行	汇丰银行（中国）、渣打银行（中国）、花旗银行（中国） 星展银行（中国）、瑞穗实业银行（中国）、三菱东京日联银行（中国） 荷兰银行（中国）、摩根大通（中国）、友利银行（中国） 韩亚银行（中国）、德意志银行（中国）、新韩银行（中国） 韩国企业银行（中国）、菲律宾首都银行（中国） 法国巴黎银行（中国）、泰国盘谷银行（中国）、澳新银行（中国） 法国兴业银行（中国）、东方汇理银行（中国）
侨资法人银行	东亚银行（中国）、南洋商业银行（中国）、恒生银行（中国） 永亨银行（中国）、华侨银行（中国）、中信银行国际（中国） 联合银行（中国）、大新银行（中国）、大华银行（中国）
部分外国银行分行（境内主报告行）	德国商业银行上海分行、英国巴克莱银行上海分行 美国银行上海分行、荷兰合作银行上海分行 加拿大蒙特利尔银行广州分行、加拿大丰叶银行广州分行 比利时联合银行上海分行、挪威银行公共有限公司上海分行 英国苏格兰皇家银行公众有限公司上海分行、西班牙桑坦德银行上海分行 澳大利亚和新西兰银行集团有限公司上海分行、意大利裕信银行股份有限公司上海分行 瑞士信贷银行股份有限公司上海分行、意大利联合圣保罗银行股份有限公司上海分行 法国外贸银行股份有限公司上海分行、美国纽约银行有限公司上海分行 德国西德银行股份有限公司上海分行、马来西亚马来亚银行有限公司上海分行 比利时富通银行有限公司上海分行、瑞典商业银行公共有限公司上海分行 印度国家银行上海分行

（续）

部分外国银行分行（境内主报告行）	日本三井住友信托银行股份有限公司上海分行、德国北德意志州银行上海分行 瑞典北欧斯安银行有限公司上海分行、瑞典银行有限公司上海分行
	韩国国民银行股份有限公司哈尔滨分行、澳大利亚西太平洋银行有限公司上海分行 意大利西雅那银行股份有限公司上海分行、北欧银行瑞典有限公司上海分行
	美国美联银行有限公司上海分行、泰国泰华农民银行（大众）有限公司深圳分行
城市商业银行	安顺市商业银行、安阳市商业银行、鞍山银行、保定市商业银行 包商银行、杭州银行、长沙银行、成都银行 长安银行、重庆银行、重庆三峡银行、大连银行
	长治市商业银行、朝阳银行、承德银行、德阳银行 丹东银行、德州银行、东莞银行、达州市商业银行 葫芦岛银行、大同银行、东营银行、鹤壁银行
	富滇银行、福建海峡银行、抚顺银行、黄石银行 鄂尔多斯银行、阜新银行、本溪市商业银行、汉口银行 赣州银行、广西北部湾银行、广州银行、桂林银行等

我国银行排名

下表为 2012 年我国商业银行的排名。

排名	银行	资产（百万元）
1	中国工商银行	15 476 868
2	中国建设银行	12 281 834
3	中国银行	11 830 066
4	中国农业银行	11 677 577
5	交通银行	4 611 177
6	招商银行	2 794 971
7	中信银行	2 765 881
8	上海浦东发展银行	2 684 694

（续）

排名	银行	资产（百万元）
9	兴业银行	2 408 798
10	中国民生银行	2 229 064
11	中国光大银行	1 733 346
12	平安银行	1 258 177
13	华夏银行	1 244 180
14	北京银行	956 499
15	广发银行	918 982
16	上海银行	655 800
17	江苏银行	514 146
18	恒丰银行	437 289
19	北京农村商业银行	377 316
20	重庆农村商业银行	344 820
21	渤海银行	312 488
22	上海农村商业银行	309 927
23	浙商银行	301 858
24	南京银行	281 792
25	广州农村商业银行	273 737
26	汇丰银行（中国）	269 015
27	宁波银行	260 498
28	徽商银行	256 982
29	杭州银行	243 937
30	天津银行	235 360
31	盛京银行	221 170
32	广州银行	205 985
33	哈尔滨银行	202 499
34	大连银行	187 893
35	成都农村商业银行	187 698
36	吉林银行	186 428
37	江南农村商业银行	183 700
38	包商银行	181 941

（续）

排名	银行	资产（百万元）
39	成都银行	181 394
40	东亚银行（中国）	174 403
41	渣打银行（中国）	173 152
42	龙江银行	153 019
43	天津农村商业银行	149 899
44	东莞农村商业银行	149 000
45	汉口银行	137 943
46	佛山顺德农村商业银行	137 502
47	昆仑银行	130 295
48	花旗银行（中国）	127 389
49	重庆银行	127 217
50	东莞银行	122 623

从上表中可以看出，前50强的银行除了国有银行外基本都是省级商业银行和经济高度发达地区的地方银行。排名第一的是中国工商银行。

中国工商银行（全称：中国工商银行股份有限公司）成立于1984年，是中国五大银行之首，世界500强企业之一，拥有中国最大的客户群，是中国最大的商业银行，2010年其市值居全球上市银行之首。

银行不仅在我们的生活中发挥着重要的作用，而且对国家经济和社会各方面也都会产生很大的影响。它一旦出现问题，损失将会不可估量。为了避免这种情况的发生，在银行的正常运作中就需要有一定的监管系统来保驾护航。那我国的银行监管机构是谁？它有怎样的职责？它又是如何具体地对银行进行监管的？本章将详细介绍以上知识。

| 银行业的监管机构 |

中国银行业监督管理委员会，简称中国银监会，根据授权统一监督管理银行、金融资产管理公司、信托投资公司以及其他存款类金融机构，维护银行业的合法、稳健运行。

中国银监会

银监会的成立，将使中国金融监管的三驾马车真正齐备，标志着我国"一行三会"（中国人民银行、证监会、保监会、银监会）分业监管的金融格局的正式确立，对于增强银行、证券、保险三大市场的竞争能力，更大范围地防范金融风险起到非常重要的作用。

一、 银监会的历史沿革

1984 年起，中国形成了中央银行、专业银行的二元银行体制。中国人民银行履行对银行业、证券业、保险业、信托业的综合监管。

2003 年，根据第十届全国人民代表大会第一次会议批准的国务院机构改革方案和《国务院关于机构设置的通知》，设立中国银行业监督管理委员会。银监会为国务院直属正部级事业单位。2003 年 4 月 25 日，中国银行业监督管理委员会成立，2003 年 4 月 28 日起正式履行职责。其成立之初的内设部门如下图所示。

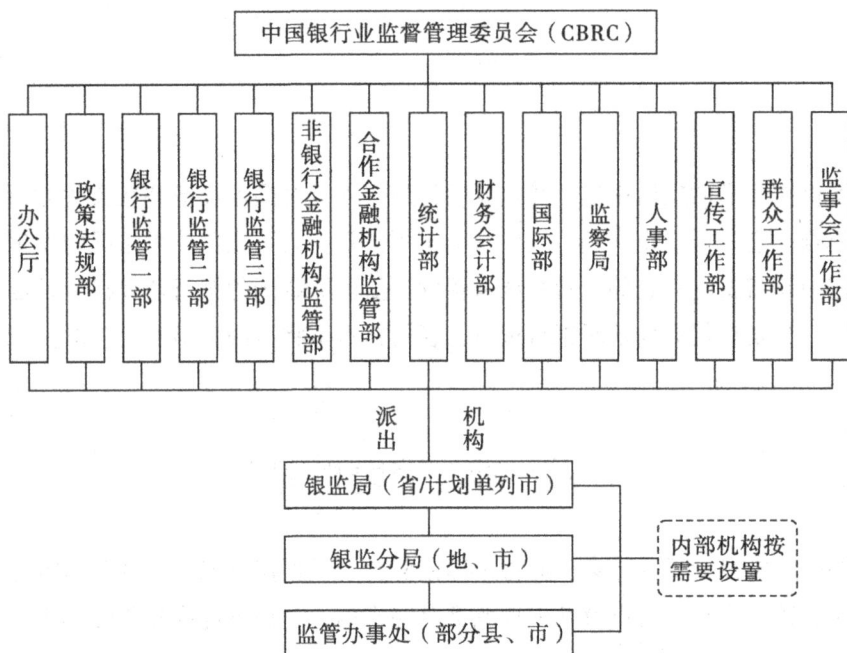

```
                    中国银行业监督管理委员会（CBRC）
  ┌──┬──┬──┬──┬──┬──┬──┬──┬──┬──┬──┬──┬──┬──┬──┐
办公厅 政策法规部 银行监管一部 银行监管二部 银行监管三部 非银行金融机构监管部 合作金融机构监管部 统计部 财务会计部 国际部 监察局 人事部 宣传工作部 群众工作部 监事会工作部

                        派出  机构

              银监局（省/计划单列市）
                                        内部机构按
              银监分局（地、市）          需要设置

              监管办事处（部分县、市）
```

中国银行业监督管理委员会成立之初的主要职责如下。

制定有关银行业金融机构监管的规章制度和办法；起草有关法律和行政法规，提出制定和修改的建议。

审批银行业金融机构及其分支机构的设立、变更、终止及其业务范围。

对银行业金融机构实行现场和非现场监管，依法对违法违规行为进行查处。

审查银行业金融机构高级管理人员任职资格。

负责统一编制全国银行业金融机构数据、报表，抄送中国人民银行，并按照国家有关规定予以公布。

会同财政部、中国人民银行等部门提出存款类金融机构紧急风险处置的意见和建议。

负责国有重点银行业金融机构监事会的日常管理工作。

承办国务院交办的其他事项。

二、　银监会的机构设置

银监会的机构分为两种：一种是内设机构；另一种是派出机构。具体的机构名称如下表所示。

机构设置	具体机构
内设机构	办公厅、政策研究局、审慎规制局
	现场检查局、法规部、普惠金融部
	信科部、创新部、消保局
	政策银行部、大型银行部、股份制银行部
	城市银行部、农村金融部、外贸银行部
	信托部、非银部、处非办
	财会部、国际部、监察局
	人事部、宣传部、机关党委
	党校、系统工会
	中央金融团工委（系统团委）
	机关服务中心
派出机构	派出机构则对应全国各省、市、自治区以及重要城市均设立了监管局

三、　银监会的监管工作

监管工作	具体内容
工作职责	依照法律、行政法规制定并发布对银行业金融机构及其业务活动监督管理的规章、规则
	依照法律、行政法规规定的条件和程序，审查批准银行业金融机构的设立、变更、终止以及业务范围
	对银行业金融机构的董事和高级管理人员实行任职资格管理
	依照法律、行政法规制定银行业金融机构的审慎经营规则
	对银行业金融机构的业务活动及其风险状况进行非现场监管，建立银行业金融机构监督管理信息系统，分析、评价银行业金融机构的风险状况

（续）

监管工作	具体内容
工作职责	对银行业金融机构的业务活动及其风险状况进行现场检查，制定现场检查程序，规范现场检查行为
	对银行业金融机构实行并表监督管理
	会同有关部门建立银行业突发事件处置制度，制定银行业突发事件处置预案，明确处置机构和人员及其职责、处置措施和处置程序，及时、有效地处置银行业突发事件
	负责统一编制全国银行业金融机构的统计数据、报表，并按照国家有关规定予以公布
	对银行业自律组织的活动进行指导和监督
	开展与银行业监督管理有关的国际交流、合作活动
	对已经或者可能发生信用危机，严重影响存款人和其他客户合法权益的银行业金融机构实行接管或者促成机构重组
	对有违法经营、经营管理不善等情形的银行业金融机构予以撤销
	对涉嫌金融违法的银行业金融机构及其工作人员以及关联行为人的账户予以查询
	对涉嫌转移或者隐匿违法资金的申请司法机关予以冻结
	对擅自设立银行业金融机构或非法从事银行业金融机构业务活动予以取缔
	负责国有重点银行业金融机构监事会的日常管理工作
	承办国务院交办的其他事项
工作经验	必须坚持法人监管，重视对每个金融机构总体风险的把握、防范和化解
	必须坚持以风险为主的监管内容，努力提高金融监管的水平，改进监管的方法和手段
	必须注意促进金融机构风险内控机制形成和内控效果的不断提高
	必须按照国际准则和要求，逐步提高监管的透明度
工作目的	通过审慎有效的监管，保护广大存款人和消费者的利益
	通过审慎有效的监管，增进市场信心
	通过宣传教育工作和相关信息披露，增进公众对现代金融的了解
	努力减少金融犯罪
工作标准	良好监管要促进金融稳定和金融创新共同发展
	要努力提升我国金融业在国际金融服务中的竞争力
	对各类监管设限要科学、合理，有所为，有所不为，减少一切不必要的限制
	鼓励公平竞争，反对无序竞争
	对监管者和被监管者都要实施严格、明确的问责制
	要高效、节约地使用一切监管资源

银行业的监管原则和理念

一、银行业的监管原则

银行业的监管原则是银行业监督管理行为所应遵循的基本准则。我国银行业监管应遵循的原则如下表所示。

监管原则	具体内容
依法、公开、公正和效率	依法原则是指银行业监管机构的监管职权源于法律，并应严格依据法律行使其监管职权，履行监管职能。中国银监会是国务院银行业监督管理机构，依据《银行业监督管理法》的规定和国务院的授权，统一监督管理银行业金融机构，促进银行业的合法、稳健运行
	公开原则是指对银行业的监督管理行为除依法应当保守秘密的以外，都应当向社会公开。这一原则主要包括两方面内容：一是信息的公开披露，这些信息包括监管立法、政策、标准、程序等方面的信息，银行业金融机构依法应当向社会公开的信息，必须公开的金融风险信息，监管结果的信息等；二是监管行为的公开，即监管机关的监管行为、行政执法行为都应当按照法定程序公开进行
	公正原则是指所有依法成立的银行业金融机构具有平等的法律地位，监管机关应当依法监管，平等地对待所有的被监管对象。这一原则既包括实体公正也包括程序上的公正
	效率原则是指监管机关在监管活动中应合理配置和利用监管资源，提高监管效率，降低监管成本，并在法律规定的期限内完成监管任务
独立监管	独立监管原则是指银行业监督管理机构及其监管工作人员依法独立履行监督管理职责，受法律保护，地方政府、各级政府部门、社会团体和个人不得干涉。在我国现阶段的社会文化和政治、经济体制下，坚持这一原则尤为重要
审慎监管	审慎监管原则是各国银行业监管实践的通行原则，也是巴塞尔银行监管委员会（以下简称巴塞尔委员会）于1997年发布的《银行业有效监管核心原则》的一项重要的核心原则

（续）

监管原则	具体内容
审慎监管	根据审慎监管原则，银行业监督管理机构应当以认真谨慎的态度对银行的资本充足性、流动性、风险管理、内部控制机制等方面制定标准并进行有效的监督和管理
	我国《银行业监督管理法》及其他有关银行业监管法规借鉴国际银行业监管惯例和《银行业有效监管核心原则》的基本精神，确立了银行业审慎监管的原则，以促使我国银行业监管实现规范化、专业化和国际化
协调监管	协调监管原则是指在中央银行、银行业监管机构、证券业监管机构、保险业监管机构之间建立协调合作、互相配合的机制
	参与协调监管的各方就维护金融稳定、跨行业监管和重大监管事项等问题定期进行协商，目的在于衔接和协调货币政策以及对银行业、证券业、保险业的监管政策，避免出现监管真空和重复监管，提高监管效率，从而维护整个金融体系的稳定、效率和竞争力
	坚持这一原则对于我国目前的金融监管实践具有重要意义。其中，建立监管信息共享机制是监管协调机制的重要组成部分
跨境合作监管	随着金融国际化的发展，各国金融市场之间的联系和依赖性不断加强，各种金融风险在国家之间相互转移、扩散也在所难免。在此背景下，各国越来越重视国际间银行监管的合作，逐步实施跨境监管，各种国际性监管组织也纷纷成立，力图制定统一的跨境监管标准
	跨境银行合作监管是为了确保所有跨境银行都能得到其母国和东道国监管当局的有效监管，并且，跨境银行的母国和东道国监管当局之间应当建立合理的监管分工与合作，就监管的目标、原则、标准、内容、方法以及实际监管中发现的问题进行协商和定期交流
	具体来讲，母国监管当局应当对跨境银行的境内外机构、境内外业务进行全球并表监管；同时，东道国监管当局也应当对境内的外国银行机构在本地的经营实施有效监管，并就其母行的全球经营风险管理能力进行评价
	按照巴塞尔委员会确定的跨境银行合作监管原则，我国主动推进与境外银行监管机构之间建立正式的监管合作机制
	目前，中国银监会已与美国、加拿大、英国、德国、法国、波兰、韩国、新加坡、吉尔吉斯斯坦、巴基斯坦、中国香港、中国澳门等国家和地区的金融监管当局签订了监管合作谅解备忘录，涵盖信息交换、市场准入和现场检查中的合作、人员交流与培训、监管信息保密、监管工作会谈等多项内容

二、银行业的监管理念

监管理念是监管工作中所遵循的指导思想和总体的工作思路。监管理念源于监管实践，是对监管实践的总结，又是银行业监管工作的行动指南和行为准则。

早在 2003 年 4 月银监会成立之始，党中央国务院就提出，银监会要以新理念、新思路和新机制开创银行业监管工作的新局面，在监管理念、方法、技术等方面有所进步和创新。为全面落实党中央要求，银监会在认真总结我国经验并借鉴国际标准的基础上，提出了我国银行业监管的四项新理念，即"管法人、管风险、管内控、提高透明度"。

监管理念	含义	具体内容
管法人	注重对法人机构的监督和管理	银行业金融机构的主要监管指标集中于法人，银行内控制度及其执行效果取决于法人，各类风险最终由法人承担。因此，必须"管法人"，必须实施法人监管，注重对银行业金融机构总体风险的把握、防范和化解
		强调管法人，就是强化银行业金融机构总部对各级分支机构的管控能力。监管不再是分割式监管，而是集中精力督促银行业金融机构完善公司治理结构，强化合规意识、提高风险管理意识和经营能力，提升银行业金融机构的自我管控能力
		管法人是防范系统性风险的需要。如果银行业金融机构法人的整体经营理念出现偏差，偏离科学的发展方向，即使一些分支机构经营不错，也可能会发生全局性的灾难
		只有管好法人，才能促进银行业金融机构加强管理，才能纲举目张、事半功倍、提高监管效率，实现银行业监管目标
管风险	以风险作为银行监管的主要内容和重点，围绕信用、市场、操作等项风险的识别、计量、监测和控制，不断改进监管的方法与手段，努力管控银行业风险，促使银行体系稳健经营	之所以要管风险，主要基于三方面原因：一是风险监管是银行业监管机构的基本职责；二是风险与银行业的经营将长期并存；三是管风险与合规监管相辅相成
		银监会应坚持风险监管，强化风险的早期识别、预警和控制，不断提高对风险的管控能力
		通过现场检查和非现场监测手段，加强对风险的日常监测和管控，督促银行业金融机构不断完善风险管理的政策、程序以及管控措施，改进风险管理，提高风险管理能力，防范和控制银行业风险

(续)

监管理念	含义	具体内容
管内控	要求银行业金融机构本身一定要建立起一套有效的内部管控机制	监管者的任务主要是督促银行业金融机构不断完善内控制度，改进内控水平和效果，提高风险管控能力
		长期以来，银行业金融机构存在着依赖心理，过分依靠监管部门的检查来帮助其寻找自身经营管理方面的薄弱环节。事实上，外因是条件，内因是关键。如果银行缺乏有效的内控，不能管控自身经营发展中的风险，监管力量再大、监管成本再高，都难以取得良好的管控效果
		要促使银行业经营和管理理念从"要我做"转变为"我要做"。银行业金融机构在改革发展和技术进步的同时，内控能力要有同步的建设
提高透明度	要求银行业金融机构披露相关信息，提高信息披露质量，让公众方便地获取有关资本充足率、风险状况等重要信息，以加大市场约束力度	要求银行业监管部门提高履行职责的透明度，规范监管行为，接受公众监督。银监会重视信息披露和透明度建设，将提高透明度作为银行业监管的一项重要理念
		督促银行业金融机构在不损害自身及客户合法利益的前提下，及时、充分、真实、规范地披露信息，促进市场参与者合理决策，加强公众对银行业的了解和监督，增强监管效果，更好地保护广大存款人和金融消费者利益

银行业的监管方式

　　银监会对银行业的监管方式灵活多变，经常具体问题具体分析。监管方式大致分为以下四种：准入监管、非现场监管、现场检查和市场退出与风险处置（如下图所示）。通过这四种监管方式，银监会能够最大程度地了解银行业的发展情况以及产生的问题，快速高效地对各种不稳定因素进行治理，使整个银行业处于一个健康平稳的状态。

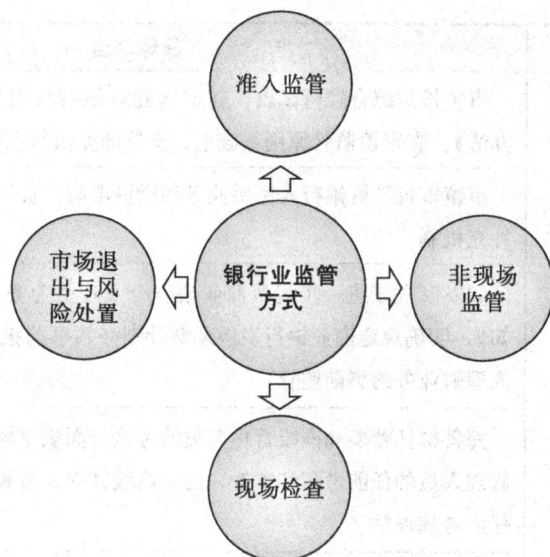

一、准入监管

准入监管措施的具体内容如下表所示。

准入监管措施	具体内容
机构准入注重宏观发展战略和市场需要	将银行业金融机构市场准入与案件责任追究、资本管理和联动监管挂钩
	根据国家区域发展战略，引导银行业金融机构合理布局。建立大型商业银行区域性运营中心监管制度，鼓励符合条件的中小商业银行在非省会城市以及金融服务薄弱地区、欠发达地区设立分支机构，推动外资银行到中西部等机构网点空白或较少地区设立机构和开展业务
	进一步推进外资银行法人改制工作，批准三家外资银行筹建外资法人银行，批准五家改制的外资法人银行开业
	积极推动小企业金融服务专营机构建设。指导大型商业银行建立小企业战略事业部制试点工作，引导中小商业银行建立小企业金融服务专营机构
	进一步放开金融服务领域，审慎启动消费金融公司试点；扩大商业银行设立金融租赁公司试点范围，批准多家机构重组或投资入股信托公司；支持具备条件、符合产业发展方向的企业集团设立财务公司，支持符合条件的大型汽车生产企业设立汽车金融公司

（续）

准入监管措施	具体内容
业务准入坚持谨慎原则	审慎推进综合经营试点，制定《商业银行投资保险公司股权试点管理办法》，在审慎监管原则基础上，支持商业银行在综合经营方面进行探索
	审慎审批外资银行人民币业务和增资申请，督促外资银行建立有效资本补充机制
	印发《关于进一步规范商业银行个人理财业务投资管理有关问题的通知》，明确规定商业银行发售理财计划必须事前报告，强化对商业银行个人理财业务的事前监管
规范对高级管理人员、关联股东和银行股权变更的管理	完善拟任董事和高级管理人员的考试与面谈审核制度，加强对拟任高级管理人员的任前考察和审查，建立高级管理人员履职监管档案并定期进行任后考核评估
	加强股东资格管理，优化监管资源配置，减少行政许可审批环节
	关注大型商业银行与战略投资者的合作，督促各家银行制定境外战略投资者减持股份应急预案

二、非现场监管

非现场监管可以从五个方面着手，具体内容如下表所示。

非现场监管措施	具体内容
非现场监管信息系统全面改造升级	采用新的技术架构和平台标准，对非现场监管信息系统进行重新设计开发，实现统一数据采集平台、法人和分支机构非现场监管系统业务功能需求以及七个监管部门数据集市系统的改造整合，提高系统对业务需求变更的响应速度及处理能力。开发非银行金融机构监管综合信息平台
强化非现场监测分析和风险提示	完善并推广应用银行业金融机构风险早期预警系统及风险提示机制。督促银行完善风险预警指标体系，加强风险监测和风险提示
	进一步实施银行业金融机构投资类业务监测制度。督促银行业金融机构完善外币债券投资风险管理，坚持风险盯市分析制度，加强对发行主体、交易对手信用风险状况的监测
	建立人民币证券投资分析监测制度，督促银行业金融机构加强对贷款承诺、财务顾问、委托贷款、理财产品等表外业务风险排查

（续）

非现场监管措施	具体内容
强化非现场监测分析和风险提示	密切关注在华外资银行母行股权变动、经营风险、财务变化等情况对在华子行、分行的影响，并确定重点关注银行，对其流动性及跨境大额资金等方面进行特别监测
完善并表监管制度	完善大型商业银行并表监管制度，建立非现场监管员的并表监管主负责制
	对银行集团的并表管理能力进行综合评估，并纳入监管评级体系，对不具备并表管理能力或者并表管理能力薄弱的银行集团进行风险提示，并相应调整其评级等级
开展监管评级工作	继续使用"骆驼+"（CAMELS+）评级法，开展同质同类比较分析，加强与属地银监局在重大监管事项上的联动，引导各银监局进行客观科学的监管评级，在此基础上实施分类监管
实施监管谈话制度和三方会谈制度	定期与银行业金融机构董事会和高级管理层交换监管意见
	不定期就其经营管理中的重大问题、国家宏观政策调整以及国际市场变化等组织监管会谈
	与银行业金融机构、外部审计师开展三方会谈，引入和借助市场约束加强监管

三、现场检查

1. 科学合理地安排现场检查项目

2009年，银监会根据非现场监管结果科学确立现场检查项目，继续按照高风险高密度、低风险低密度的差别检查原则，充分考虑国际金融危机影响，确定现场检查重点机构、重点地区和重点业务。

采用以行为风险分析为导向的集成检查、以网点风险分析为导向的属地检查、以数据风险分析为导向的EAST系统检查、以综合经营风险分析为导向的并表检查这四种检查组织方式，重点对新发放贷款风险、公司治理、并表管理、信用卡、外币债券投资业务、表外业务、贷款损失准备金、流动性、理财业务等开展现场检查。下图为现场检查准备阶段的流程。

```
┌──────────────┐
│  确定检查项目  │
└──────────────┘
        │
        ▼
┌──────────────┐
│  成立检查组    │
└──────────────┘
        │
        ▼
┌──────────────┐          ┌──────────────┐
│  下发检查通知  │          │  收集其他信息  │
└──────────────┘          └──────────────┘
        │                        │
┌──────────────┐                 │
│ 下发检查前问卷 │                 │
└──────────────┘                 │
        ↘         ▼          ↙ 分析
        ┌──────────────┐
        │  制定检查方案  │
        └──────────────┘
               │
               ▼
        ┌──────────────┐
        │   分析资料     │
        └──────────────┘
               │
               ▼
        ┌──────────────┐
        │   实施阶段     │
        └──────────────┘
```

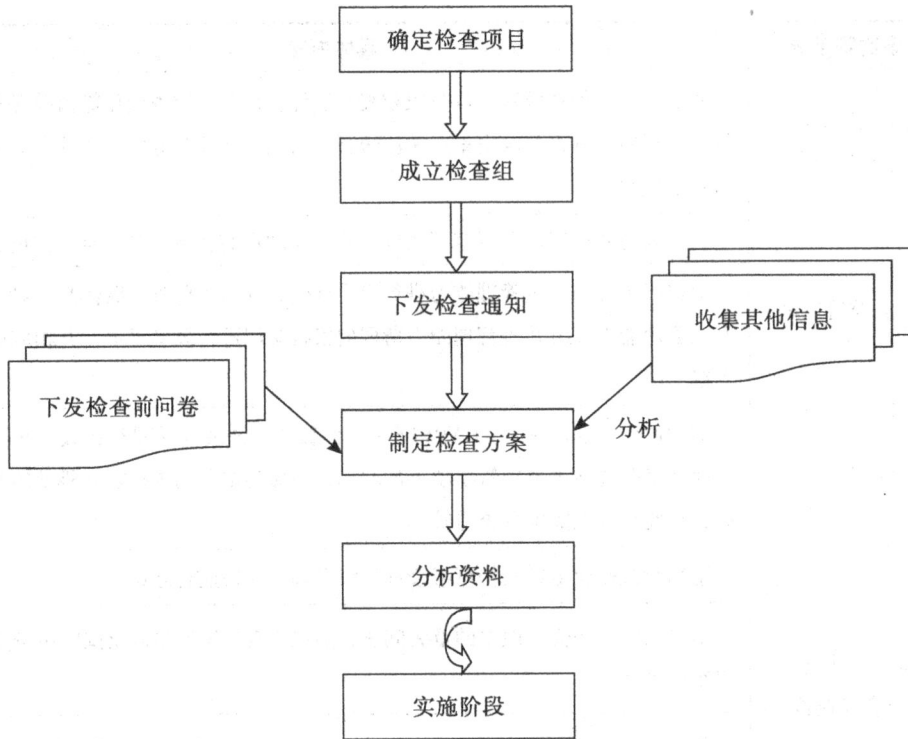

2. 完善并试点运行现场检查分析系统（EAST 系统）

2009 年，银监会现场检查分析系统（EAST 系统）正式进入试点运行阶段。按照"法人采集、集中分析、联动检查、全面评价"的应用理念，银监会应用 EAST 系统先后对政策性银行及国家开发银行、大型商业银行、股份制银行、城市商业银行、农村金融合作机构五类银行业金融机构中的 77 家法人机构进行试点检查，检查业务范围涵盖信贷、表外、投资、理财、并表等多项业务。通过试点检查工作，全面验证 EAST 系统在不同规模、不同类型金融机构中的应用能力，实现跨行别、跨区域、跨产品环境下对现场检查工作的精确指导。下图为现场检查实施阶段的流程。

```
                  ┌──────────────┐
                  │   进点会谈    │
                  └──────┬───────┘
                         ↓
                  ┌──────────────┐
                  │   检查实施    │
                  └──────┬───────┘
                         ↓
                  ┌──────────────┐
                  │   核对账表    │
                  └──────┬───────┘
       ┌───────┬─────────┼─────────┬───────────┐
       ↓       ↓                   ↓           ↓
  ┌────────┐ ┌────────┐       ·······    ┌────────┐
  │调阅资料│ │调阅资料│                   │调阅资料│
  └───┬────┘ └───┬────┘                  └───┬────┘
      ↓          ↓                           ↓
 ┌─────────┐ ┌─────────┐   ·······    ┌─────────┐
 │编制工作底稿│ │编制工作底稿│            │编制工作底稿│
 └────┬────┘ └────┬────┘              └────┬────┘
  ─ ─ ┼ ─ ─ ─ ─ ┼ ─ ─ ─ ─ ─ ─ ─ ─ ─ ─ ┼ ─ ─    不同小组之间交
      ↓          ↓                          ↓     流和共享以及进
  ·······    ·······    ·······    ·······      度控制
      ↓          ↓           ↓           ↓
┌──────────┐┌──────────┐┌──────────┐┌──────────┐
│编制事实确认书││编制事实确认书││编制事实确认书││编制事实确认书│
└────┬─────┘└────┬─────┘└────┬─────┘└────┬─────┘
  ───┴───────────┴───────────┴───────────┴───    汇总整理
                  ↓
           ┌──────────────┐
           │ 结束现场检查作业 │
           └──────┬───────┘
                  ↓
           ┌──────────────┐
           │  检查报告阶段  │
           └──────────────┘
```

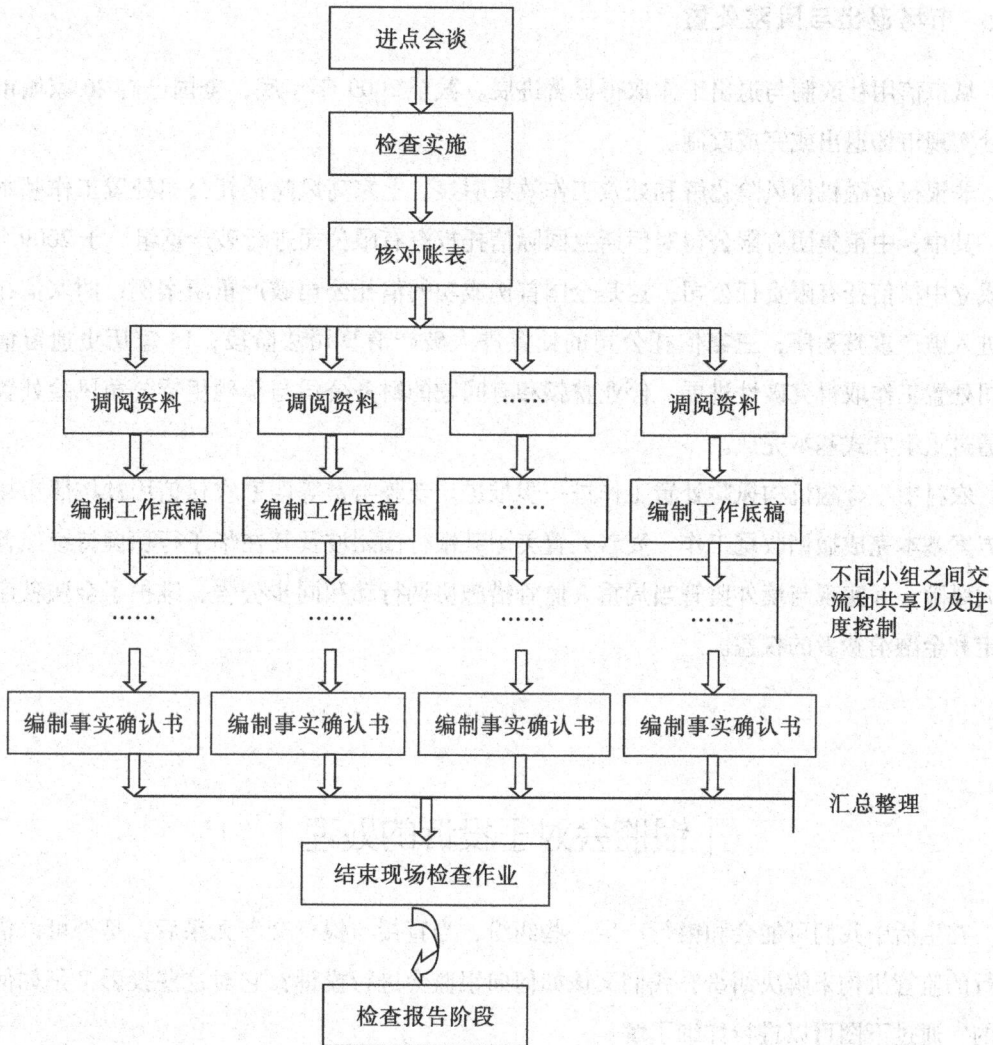

3. 妥善行使延伸检查权，加强跟踪后评价

2009 年，银监会妥善运用延伸检查权，对银行、借款人、担保人进行有针对性的现场检查，并对企业骗、套、挪、废银行贷款问题进行严肃查处，将骗贷企业移送公安机关，将存在问题的中介机构提请主管部门处理，列入禁入银行业名单，督促商业银行严格追究相关高级管理人员责任。同时，银监会持续加强对被检查机构整改情况和相关责任人员处理情况的后续跟踪检查，对整改效果进行评价，并及时针对现场检查中发现的共性问题进行风险预警与提示。

四、 市场退出与风险处置

城市信用社改制与退出工作取得显著进展。截至 2009 年年底，全国已有 26 家城市信用社实现市场退出或完成改制。

非银行金融机构风险化解和处置工作效果明显。七家高风险信托公司处置工作基本结束，其中，中粮集团有限公司对伊斯兰国际信托投资有限公司进行破产重组，于 2009 年 7 月成立中粮信托有限责任公司，这是全国首例成功的信托公司破产重组案例；两家信托公司进入破产重整程序；三家信托公司的处置进入破产清算司法阶段；13 家历史遗留信托公司处置工作取得突破性进展。停业整顿和有问题的财务公司与金融租赁公司风险处置工作通过重组方式基本完成。

农村中小金融机构风险处置工作进一步推进。新疆哈密等四家农村信用社按照市场退出方案基本完成撤销收尾工作。妥善处置美国某银行倒闭波及其在华子行稳健持续经营的重大风险，并实现与境外监管当局重大监管措施协调行动和同步公告，维护了金融秩序的稳定和金融消费者的权益。

│银监会对于投诉的处理│

在生活中我们可能会和银行产生一些纠纷，当直接与银行交涉无果后，是否可以借助银行的监管机构来解决纠纷？我们又该如何向银监会进行投诉？它对这些投诉又是如何处理的？通过下图可以进行详细了解。

首先向银行投诉	• 在正常情况下，若要投诉银行的产品或服务，应先与该银行联络，这样做可使银行有机会及早解决投诉事项。各家商业银行都有接受客户投诉的渠道和处理流程，以便对客户投诉展开全面及时的调查，并使投诉获得完满解决。银行也应向客户说明投诉的程序
什么时候向银监会投诉	• 若对银行处理投诉的方法不满意，或银行并未在收到投诉后的约定时间内给予最后回复，可向银监会寻求协助。银监会在处理银行客户投诉方面的权责有限，但仍会尽力给予帮助
怎样向银监会投诉	• 向银监会投诉应以书面形式进行，并详述投诉事件及性质、投诉人姓名及联络方法，一般来说，口述形式或匿名投诉银监会都不便受理
银监会如何处理	• 所有投诉绝对保密，银监会只会在处理投诉的过程中向有关银行透露其中的细节 • 银监会收到书面投诉后会把投诉转发有关银行处理，并要求银行迅速调查及直接回复投诉人。如果投诉事件重大，银监会也会要求银行对投诉事件做出详尽解释及回应 • 若投诉涉及银行审慎监管方面的事项，银监会将另行采取相应的监管措施
银监会的角色	• 银监会不能够直接介入金融机构与客户之间的纠纷，但可以敦促银行迅速彻查及解决客户投诉。因此，银监会将尽力确保客户投诉获得银行适当处理。但投诉人必须明白，银监会无权裁定投诉是否合理或命令银行满足投诉人的要求，尤其是不能指令银行向投诉人做出赔偿
如何联系银监会	• 邮寄地址：北京市西城区金融大街甲15号 • 邮政编码：100033 • 收信人：中国银行业监督管理委员会办公厅信访处

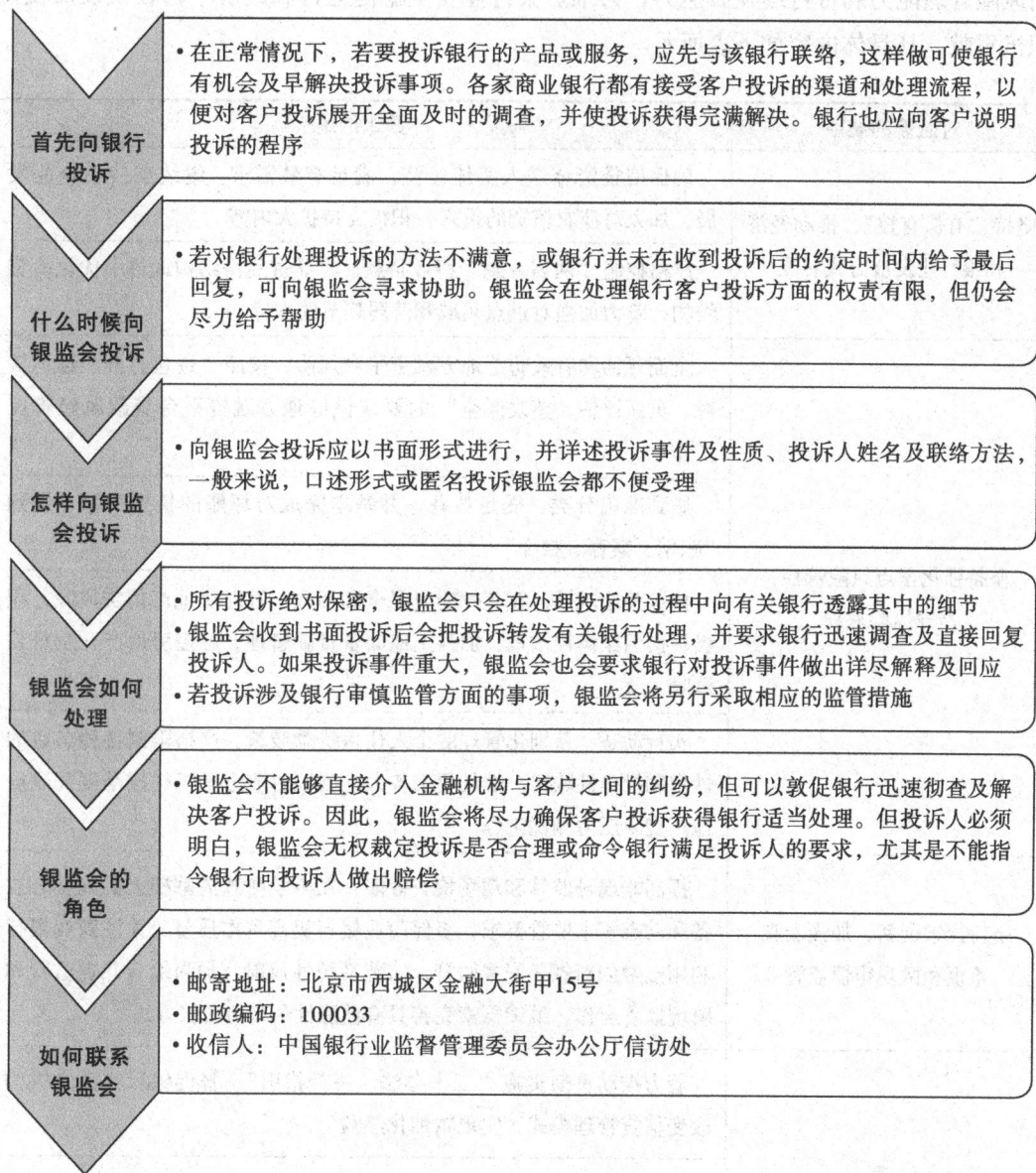

对监管的展望

　　针对我国经济发展和银行业运行中的诸多不确定因素，银监会将积极应对困难和挑战，保持监管政策的连续性和稳定性，提高工作针对性、有效性，提升监管服务水平，引领银行业金融机构认清形势，落实宏观调控政策，优化信贷结构，提升信贷质量，增强全面风险管理能力和可持续发展能力，为维护银行业安全稳健运行和经济平稳较快发展做出积极贡献。其具体内容如下表所示。

对监管的展望	具体措施
坚持"有保有控"，推动经济和银行业发展方式转变	确保信贷资金进入实体经济，满足有效需求，继续支持小企业发展，加大对涉农信贷的投入，积极支持扩大内需
	严格控制"两高一剩"行业贷款，在促进经济结构调整中优化信贷结构，着力加强对重点领域和薄弱环节的支持
坚持强化重点风险管控，严守风险底线	全面评估和有效防范地方融资平台风险，按照"逐包打开、逐笔核对、重新评估、整改保全"的要求做好地方融资平台贷款风险管控工作
	做到准确分类，提足拨备，并基本完成对坏账的核销工作，做到"账销、案存、权在"
	持续关注时效，在有效期内保全和回收。针对房地产信贷风险，积极贯彻国家调控政策，加强土地储备贷款管理，严控房地产开发贷款风险
	实行动态、差别化管理的个人住房贷款政策，严格限制各种名目的炒房和投机性购房。继续要求各大中型银行业金融机构按季度开展房地产贷款压力测试工作
坚持探索创新，加强宏观审慎和微观审慎监管	提高非现场监管和现场检查效能，在科学测算的基础上实施动态拨备和动态资本监管要求，督促商业银行提高资本质量，关注商业银行利用金融创新规避资本监管，防范系统性风险，加强综合并表监管和跨境监管合作，继续探索完善具有前瞻性的审慎监管方法
落实贷款新规，健全风险防范长效机制	着力推动贯彻实施"三个办法、一个指引"，督促银行业金融机构改变信贷管理模式，实现精细化经营
	抓紧修订合同文本，细化贷款管理流程，规范合同约定、专用账户、受托支付、支付审核、贷后跟踪等关键环节。加强组织领导、关键岗位设置和培训教育，全面树立"实贷实付"信贷管理理念
	广泛宣传实施贷款新规对加强信贷管理、堵塞风险管理漏洞的重要作用，做好客户沟通工作
	从源头上防范信贷资金挪用，确保信贷资金进入实体经济，满足有效需求。加大对已发放贷款的风险排查力度，努力化解历史包袱

（续）

对监管的展望	具体措施
进一步改善银行公司治理，强化案件防控工作	引导银行业金融机构继续完善公司治理架构，明晰各治理主体职责，强化发展战略管理，转变业务发展模式和盈利模式
	科学设计薪酬制度，完善激励约束机制；进一步规范关联交易，加强信息披露
	督促银行业金融机构做到案件防控"四到位"，即工作长效机制建设到位、激励约束机制到位、监督队伍建设和覆盖面到位、岗位责任追究到位
深入推进银行业改革创新，不断提高金融服务水平	在坚持"成本可算、风险可控、信息充分披露"的前提下，支持服务于实体经济的金融创新，提高银行业经营服务水平，维护存款人和金融消费者权益，开展金融消费者教育，引导银行业金融机构认真履行社会责任，促进银行业和谐健康发展
密切关注输入性、流动性风险，有效防范风险跨境传递	继续完善跨境风险传递应对机制和危机应对"工具箱"，强化跨境监管合作，加强与外资银行母行监管当局的沟通交流和信息共享，提升银行业金融机构跨境跨业风险管理能力
	督促银行业金融机构建立完善流动性风险管理体系，提高流动性风险管控水平
	密切关注国际资本流动、宏观经济走势及政策调整可能对市场流动性造成的冲击，加强流动性需求预测，分币种做好流动性计划安排，合理安排贷款期限结构，完善流动性风险应急预案

银行业的深化改革

在 2013 年中，中国银行业协会引领会员单位严防风险、稳健发展、有序竞争，促进银行业提高金融服务质量、加强金融消费者保护、支持实体经济转型升级。下图为我国银行业最近 10 年的资产规模。

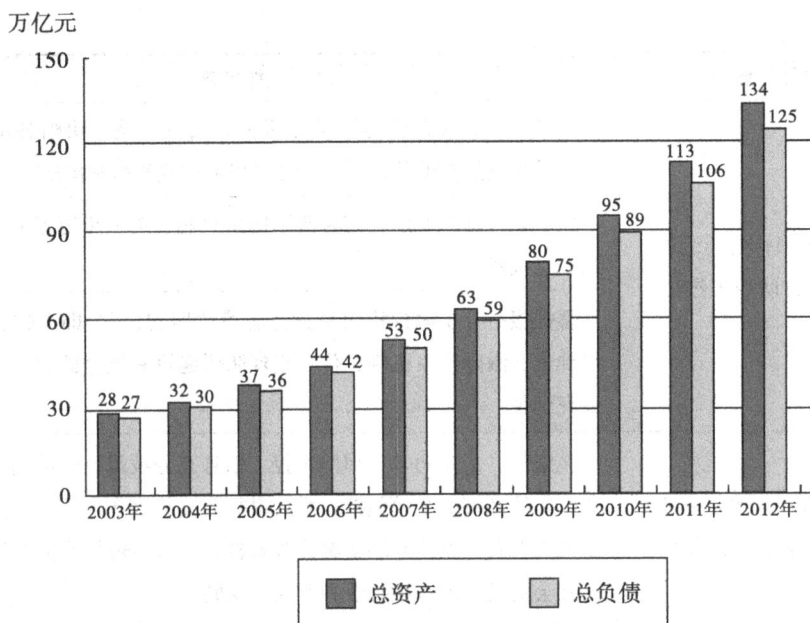

未来较长一段时间，银行业仍处于可以大有作为的重要战略机遇期。要全面贯彻落实党的十八大精神和党中央、国务院关于当前经济金融工作的要求，深化新一轮银行改革，推动加快转型发展步伐，提高资金使用效率，实现经济金融发展质量效益同步提升，要注重以下几个方面。

一、 强化有效制衡， 完善公司治理

过去 10 年，银行改革的重点是股份制改造，目前 80% ~ 90% 的银行已经完成这一任务。下一阶段，要抓住公司治理这个关键，重点完善有效制衡机制，提高经营决策的科学性和运营管理的稳健性，详见下表。

措施	具体内容
强化对股东行为的制衡	既要防止股权过度集中可能导致的大股东控制问题，又要防止股权过度分散可能造成的内部人控制问题。合理确定股权构成，更多运用市场机制遴选优质股东。规范股东权利义务，督促其切实承担起资本补充等相关责任。加强对主要股东的行为约束，对股东严重侵害银行机构和其他利益相关者合法权益的行为加强问责，必要时可强制要求转让股权，防止股东不当作为
督促董事会高效履职并充分尽责	董事会对商业银行经营管理承担最终责任，董事负有诚信受托义务和看管责任。要注重提高董事资质，优化董事结构，完善董事会获取信息的机制和渠道，增强决策的科学性和有效性。清晰界定董事会和高级管理层的职责边界，防止出现"经营型董事会"。细化董事履职要求，完善履职评价制度，防止出现"会议型董事会"

（续）

措施	具体内容
加强对高级管理层的激励约束	国际金融危机的沉痛教训是过度注重短期效益会损害银行的长期发展。要在赋予高级管理层经营管理职责权限的同时，建立科学合理的绩效考评体系，对其行为加以规范和引导。加快完善与风险挂钩的薪酬体系和延期支付机制，着力解决薪酬与风险不对称问题。逐步探索试点股权激励等中长期激励方式，切实将高管层的个人利益与银行中长期发展目标有机统一起来
增强内部监督有效性	目前，我国商业银行独立董事和监事会作用发挥并不充分。主要原因之一就是这些人员的产生及薪酬决定机制独立性不强。要改进独立董事和监事的提名机制，提高中小股东和其他利益相关方的发言权。增强对独立董事和监事履职评价和薪酬考核的独立性，提高其监督制衡的意愿和能力，促使内部监督问责更加客观公正、独立有效

二、 加强品牌建设，推进差异化竞争

经过三十多年的改革发展，特别是最近十多年的跨越式发展，部分银行已经具有了一定的品牌知名度，但银行业金融机构业务范围趋同、产品服务相近、竞争同质化问题仍然比较突出。这不利于打造经典品牌，也不利于市场有效竞争，还可能引发风险共振，危害银行业整体运行的稳健性。要通过错位竞争、差异化发展降低金融风险、减少资源浪费，提升银行业金融机构的核心竞争力，增强银行业整体发展的可持续性。具体措施如下表所示。

措施	具体内容
推动业务战略特色化	要坚持有所为有所不为，走特色化、专业化发展道路，避免"大而不强，全而不优"
	立足目标市场，发掘特色强项业务，专注核心精品业务，围绕核心探索开展新业务，努力做细做精，降低核心产品的可替代性，形成独特竞争优势。通过高品质、高契合度、高附加值的差异化金融服务，为客户创造良好服务体验，打造特色品牌
推动区域布局差异化	"跑马圈地"、盲目铺摊子，已经不能适应转型发展需要。要深入分析各自的比较优势和资源支撑能力，找准区域布局的战略定位，将有限的资源集中运用到熟悉市场需求的地区、联动性强的领域、管得住风险的业务上去

（续）

措施	具体内容
推动区域布局差异化	大型银行开拓国际业务，要提高统筹国际国内两个市场、两种资源的能力，服务"走出去"战略，同时配合国家区域发展战略，提高金融配套支持能力
	地方性银行要坚持立足本地，向下延伸网点和服务，重点做优、做精区域内金融服务，打造本地最受欢迎的银行
	社区性银行要接地气，专心致志地满足小微企业和社区居民的金融需求，做社区最贴心的银行
加强集约化管理	要提高差异化竞争水平，有赖于集约高效的运营管理支持。既要加强垂直化、集约化的条线管理，又要增进各条线之间的横向协同配合，提高整体运营管理水平和资源利用效率
	围绕核心业务及关联延伸业务，加大资源投入，优化考核评估，推进业务产品集成创新。加快管理信息系统改造升级，增强系统支持保障能力

三、 实施风险隔离， 稳妥开展综合化经营

近年来，不少银行对经营投行、基金、保险、租赁、信托、消费金融等非银行金融业务的热情很高，有的已经通过设立子公司等方式进行了探索。国际实践表明，综合化经营是把"双刃剑"，可能带来服务能力、整体效益和竞争力提高的好处，也可能带来风险传染性、复杂性、破坏性加大等问题。为审慎稳妥推进综合化经营，要切实做到风险隔离与服务综合的有机统一。具体措施如下表所示。

措施	具体内容
实行机构隔离，为综合化发展奠定组织基础	要按照分业经营、分业监管的要求，通过设立独资或绝对控股子公司的形式，强化与子公司的机构隔离。明确与子公司之间管理职务不得兼任，以增进子公司的公司治理独立性。明确对子公司的责任底线，锁定风险责任上限。赋予子公司独立发展空间，鼓励其独立参与市场竞争，推进集团良性发展
实行业务隔离，为综合化发展构建机制前提	要围绕整体战略，强化与子公司的业务隔离。合理设定子公司的业务职能、市场定位、经营目标。明确与子公司之间按照市场原则进行交易，相关业务标准、价格和收费不得优于独立第三方，并定期审查、定期披露，防止不规范业务往来和利益输送引发风险传染。加强各成员单位之间的业务联动，增强协同效应，避免盲目扩张、无序竞争造成资源浪费和风险失控

（续）

措施	具体内容
实行退出隔离，为综合化发展筑牢风险底线	在一定时期内，如果子公司的资本回报率和资产回报率达不到所在行业平均水平，商业银行要主动退出，防止子公司经营不善影响银行整体盈利能力。如果子公司发生重大风险事件，集团应严格明晰其风险责任界限，避免风险兜底，防止风险蔓延引发更大的问题

四、遵循"栅栏"原则，审慎推进金融产品创新

国际金融危机的教训表明，不同性质的业务过度交叉，会加剧风险隐匿、转移和传染。对此，美国、英国及欧盟相继出台了"结构性改革方案"，为需要保护的业务设置"栅栏"，防止"栅栏"内外业务高度关联，以保护存款人、纳税人的利益不受损害。当前，我国银行业务虽然没有欧美复杂，但一些表外创新业务已经与存贷款"互联互通"，需要对信贷类业务、理财类业务、代理类业务和有价证券投资类业务实行"栅栏"防护，并鼓励在"栅栏"内积极创新。具体措施如下表所示。

措施	具体内容
在风险承受能力范围内开展信贷业务创新	信贷业务本质上是银行吸收存款、发放贷款并承担风险的信用创造活动，主要赚取利差。要按照风险管理和承受能力，设定业务范围和规模；对本质上属于信贷的任何业务创新，都必须严格按信贷标准管理，且不能附加不合理条件，不能违规乱收费
	可以自主探索对公、零售等信贷业务的事业部专营机制，按照客户需求特点创新具体产品，提高信贷管理精细化水平和服务匹配度；推进信贷资产证券化常态化发展，加快不良资产市场化处置，但风险必须真实转移，对留存风险必须相应计提资本和拨备
按照资金供需双方直接对接原则推动理财业务创新	银行理财业务本质上是受投资人委托而开展的债权类直接融资业务。可建立专营机制，按照相应标准对资金募集、投放、风险等进行严格管理，主要赚取管理费，严禁利润分成，严禁风险兜底，严禁"脱实向虚"
	要实行归口业务管理、专户资金管理、专门统计核算，确保理财产品资金来源和运用——对应、期限——对应。在"栅栏"内，探索理财业务有效服务实体经济的新产品、新模式，推动理财业务规范化、规模化发展，逐步成长为银行常规重点业务

（续）

措施	具体内容
在明晰责任的基础上促进代理业务创新	代理类业务本质上是依托银行渠道优势，代卖第三方产品的媒介服务。银行仅为这类业务提供买卖渠道便利，主要赚取手续费，既不存在信托关系，也不存在债权债务关系。要做好与信贷、理财、投资等业务的"栅栏"隔离，严禁"飞单"销售，严格收费管理，严防责任关联和风险兜底。在此基础上，可以探索与多种金融机构开展多个产品的代理销售合作
在严格设限的前提下推动有价证券投资业务创新	有价证券投资业务本质上是银行为管理流动性或缓释风险，在证券市场上购买组合投资产品，并承担市场风险、赚取价差收益。此类业务极易放大风险，必须严格设定自营交易种类和限额，并在限定范围内重点投向资本占用少、流动性强的证券品种

五、 强化集团并表， 提升全面风险管理水平

随着一些银行不断推进子公司式综合经营，加快表外业务发展创新，推进海外战略布局，集团内部跨市场、跨行业、跨地区交易不断增加，有些关联交易可能带来风险的隐匿和传染，甚至出现"蚂蚁拖死大象"的现象。在这种情况下，仅仅关注某一单点、某一条线的风险管理模式，已经很难适应形势发展。要加强风险并表管理，从单点、单线管理向立体综合管理转变，从各自为政向充分协调转变，从被动应对向主动防范转变。

一方面，要推进风险全口径并表。站在全局角度，按照风险责任归属原则，加强母子公司的上下并表；按照实质重于形式原则，加强表内表外业务的内外并表；按照政策一致性原则，加强境内境外的本外币并表，防止风险隐匿、转移、传染、放大。

另一方面，要推进风险全方位管理。根据银行总的发展战略目标，合理确定整体风险偏好，设定全口径大额风险暴露限额和风险容忍度，严格控制整体杠杆水平和总体风险水平。科学评估对各类风险的实际承担、动态变化和关联关系，完善风险管理制度、工具、方法，提高全面风险管理能力。

六、 加强信息披露， 提高社会公信力

银行主要依靠信用开展业务，客户的信任关系到银行的生存和发展。信任从哪里来？一方面是银行持续稳健经营，另一方面是客户的良好预期。而预期的形成，很大程度上取决于客户获得的信息。这就要求银行积极做好信息披露，不断提高社会公信力。具体措施如下表所示。

措施	具体内容
对信息披露要有准确定位	有些银行将对外宣传停留在产品广告上，将信息披露停留在满足监管要求上，将声誉管理停留在不出负面舆情上，定位不准、方向不明、工作不力，经常陷入被动
	要充分认识信息披露的价值，将其作为主动接受客户、金融消费者和市场监督的载体，作为维护客户关系、改善公共关系、塑造市场形象的工具，作为加强品牌战略管理的重要方法
要主动披露信息	要强化董事会对信息披露的责任，主动披露积极信息，加强舆论引导。合理制定披露规划，既有关键时点的集中披露，又有平常时段的持续披露
	善于运用多种媒体，既有主流媒体的稳固主渠道，又有自媒体的广泛新渠道
	丰富披露语言，既有专业准确的政策措施阐释、经营成果介绍、重大情况说明，又有通俗易懂、可读性强、接受度高的信息解读，使所披露的信息易于接受、能被信任
要及时应对负面舆情	近年来，针对负面舆情，有的银行不敢应对，把小问题拖成了大麻烦；有的摆平了事，使问题隐性发酵，一发不可收拾；有的不善应对，机构"点"上的问题被炒成了行业"面"上的问题
	要增强敏感意识，强化危机管理，善于化危为机、变坏事为好事，提高社会公信力。对于不实信息，要坚决回击、迅速纠正，深刻揭露其虚假本质，全面还原事实，充分披露正面信息，积极维护声誉
	对于确实存在的问题，要敢于承认，勇于正视，并及时披露整改行动及成效，赢得理解，树立和巩固"负责任的银行"形象

业 务 篇

　　通过前一篇的介绍，我们对银行有了一个比较宏观的认识，但是这远远不够。我们需要深入了解银行的业务内容以及各项业务的具体操作方法。本篇旨在详细地介绍银行的这些与人们生活息息相关的业务知识，帮助大家更加客观、全面地了解银行业。

第四章

银行的基本业务

银行的业务按其复杂程度和对网点的依赖程度，可以分为两部分：一部分是传统业务，包括一般贷款、简单外汇买卖、贸易融资等，这些主要是靠大量分行网络、业务量来支持；另一部分是复杂业务，如衍生产品、结构性融资、租赁、引进战略投资者、收购兼并上市等，这些并不是非常依赖分行网络，是高技术含量、高利润的业务领域。

按照资产负债表的构成划分，银行的业务主要分为三类：负债业务、资产业务、中间业务（如下图所示）。本章将着重介绍这三类业务。

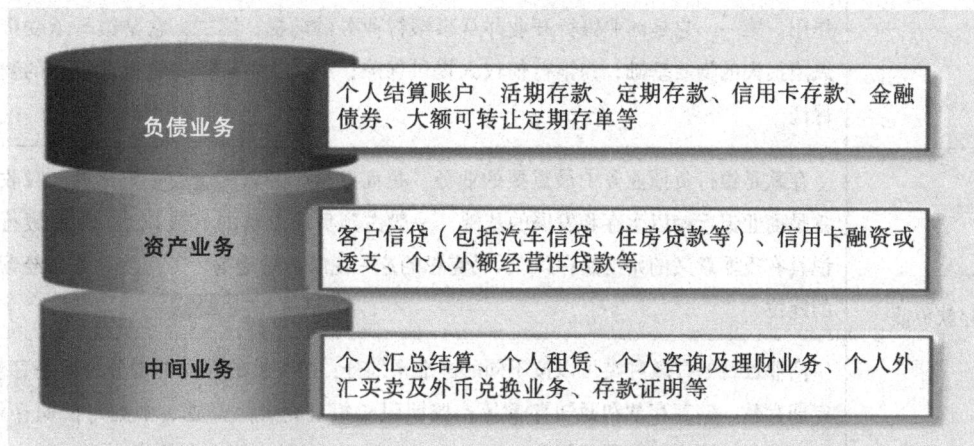

负债业务	个人结算账户、活期存款、定期存款、信用卡存款、金融债券、大额可转让定期存单等
资产业务	客户信贷（包括汽车信贷、住房贷款等）、信用卡融资或透支、个人小额经营性贷款等
中间业务	个人汇总结算、个人租赁、个人咨询及理财业务、个人外汇买卖及外币兑换业务、存款证明等

| 负债业务 |

负债业务是商业银行形成资金来源的业务，是商业银行中间业务和资产的重要基础。商业银行负债业务主要由存款业务、借款业务、同业业务等构成。负债是银行由于授信而承担的将以资产或资本偿付的能以货币计量的债务。存款、派生存款是银行的主要负债，约占资金来源的80%以上，另外联行存款、同业存款、借入/拆入款项或发行债券等，也构成银行的负债。

一、业务介绍

负债业务是商业银行资金的重要来源，按照业务形式可以分成四类，分别是自有资金、存款负债、借款负债和其他负债，具体内容如下表所示。

业务形式	具体内容
自有资金	商业银行的自有资金是指其拥有所有权的资本金，主要包括股本金、储备资金以及未分配利润。其中，股本金是银行成立时发行股票所筹集的股份资本；储备资本即公积金，主要是从经营的税后利润提成而形成的，用于弥补经营亏损的准备金；未分配利润是指经营利润尚未按财务制度规定进行提取公积金或者分利处置的部分
	在商业银行的全部信贷资金来源中，自有资金所占比重很小，一般为全部负债业务总额的10%左右，但是它在商业银行经营活动中发挥着十分重要的和不可替代的作用。第一，它是商业银行开业并从事银行业务的前提；第二，它是银行承受资产风险损失的物质基础，为银行债权人提供保障；第三，它是提高银行竞争力的物质保证
存款负债	存款是银行负债业务中最重要的业务，是商业银行经营资金的主要来源。吸收存款是商业银行赖以生存和发展的基础，一般占到负债总额的70%以上。"对银行来说具有重要意义的始终是存款"，马克思的这一论断清楚地揭示了存款业务在经营中的地位
	商业银行的存款种类可以按不同的标准来划分：按存款的性质可划分为活期存款、定期存款、储蓄存款和通知存款等；按期限长短可划分为短期、中期、长期存款；按存款的经济来源不同可划分为工商业、农业、财政性、同业存款等

（续）

业务形式	具体内容
借款负债	借款负债是商业银行通过票据的再抵押、再贴现等方式向中央银行融入资金和通过同业拆借市场向其他银行借入短期资金的活动
	向中央银行借款，是商业银行为了解决临时性或季节性的资金需要进行的一种融资业务。向中央银行借款的方式有票据再贴现、再抵押和再贷款三种
	同业借款，是商业银行向往来银行或通过同业拆借市场向其他金融机构借入短期资金的活动。同业借款的用途主要有两方面：一方面是为了填补法定存款准备金的不足，这一类借款大都属于日拆借行为；另一方面是为了满足银行季节性资金的需求，一般需要通过同业拆借市场来进行。同业借款在方式上比向中央银行借款灵活，手续也比较简便
其他负债	其他负债是指商业银行利用除存款负债和借款负债以外的其他方式形成的资金来源，主要包括代理行的同业存款负债、金融债券负债、大额可转让定期存单负债、买卖有价证券、占用客户资金、境外负债等

在商业银行的负债业务中，自有资金是基础，标志着商业银行的资金实力；存款负债是主要业务，标志着商业银行的经营实力；借款负债和其他负债是商业银行资金的重要调剂与补充，体现商业银行的经营活力。

二、具体内容

负债业务的具体内容如下表所示。

项目	具体内容
活期存款	活期存款是相对于定期存款而言的，是不需预先通知可随时提取或支付的存款。活期存款构成了商业银行的重要资金来源，也是商业银行创造信用的重要条件，但成本较高。商业银行只向客户免费或低费提供服务，一般不支付或较少支付利息
定期存款	定期存款是相对于活期存款而言的，是一种由存户预先约定期限的存款。定期存款占银行存款比重较高，因为定期存款固定而且时间比较长，从而为商业银行提供了稳定的资金来源，对商业银行长期贷款与投资具有重要意义
储蓄存款	储蓄存款是个人为积蓄货币和取得利息收入而开立的存款账户，储蓄存款又可分为活期和定期。储蓄存款的活期存款，或者称为活期储蓄存款，存取无一定期限，只凭存折便可提现。存折一般不能转让流通，存户不能透支款项

（续）

项目	具体内容
可转让定期存单	可转让定期存单存款是定期存款的一种主要形式，但与前述定期存款又有所区别。可转让存单存款的明显特点是：存单面额固定，不记姓名，利率有固定也有浮动，存期为3个月、6个月、9个月和12个月不等，存单能够流通转让，以能够满足流动性和盈利性的双重要求
可转让支付命令存款账户	这实际上是一种不使用支票的支票账户，以支付命令书取代了支票。通过此账户，商业银行既可以提供支付上的便利，又可以支付利息，从而吸引储户，扩大存款。开立这种存款账户，存户可以随时开出支付命令书，或直接提现，或直接向第三者支付，其存款余额可取得利息收入。由此满足了支付上的便利要求，同时也满足了收益上的要求
自动转账服务存款账户	这一账户与可转让支付命令存款账户类似，是在电话转账服务基础上发展而来的。发展到自动转账服务时，存户可以同时在银行开立两个账户：储蓄账户和活期存款账户。银行收到存户所开出的支票需要付款时，可随即将支付款项从储蓄账户上转到活期存款账户上，自动转账，即时支付支票上的款项
掉期存款	掉期存款指的是顾客在存款时把手上的由名义上兑换成其所选择的外币作为外币定期存款存入银行。到期满时顾客先将外币存款连本带息兑回本币后才提取。存款期限由一个月至一年不等

| 资产业务 |

资产业务是指商业银行运用资金的业务，也就是商业银行将其吸收的资金贷放或投资出去赚取收益的活动。商业银行的盈利状况如何，经营是否成功，很大程度上取决于资金运用的结果。

一、 业务介绍

商业银行的资产业务主要包括四个方面（如下图所示）：第一，贷款，又称放款，是银行将其所吸收的资金，按一定的利率贷给客户并约期归还的业务；第二，贴现，是商业银行根据客户的要求，买进未到付款日期票据的业务；第三，证券投资，指购买有价证券的经营活动；第四，金融租赁。其中以贷款和投资最为重要。

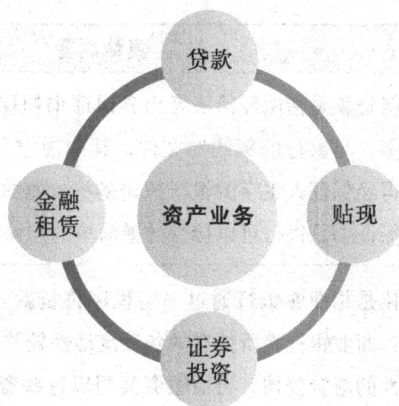

1. 贷款业务

贷款业务的分类及其具体内容如下表所示。

分类		具体内容
信用贷款	普通借款限额	企业与银行订立一种非正式协议，以确定一个贷款，在限额内企业可随时得到银行的贷款支持，限额的有效期一般不超过 90 天。普通贷款限额内的贷款，利率是浮动的，与银行的优惠利率挂钩
	透支贷款	银行通过允许客户在其账户上透支的方式向客户提供贷款。提供这种便利被视为银行对客户所承担的合同之外的"附加义务"
	备用贷款承诺	备用贷款承诺是一种比较正式和具有法律约束的协议。银行与企业签订正式合同，在合同中银行承诺在指定期限和限额内向企业提供相应贷款，企业要为银行的承诺提供费用
	消费者贷款	消费者贷款是对消费个人发放的用于购买耐用消费品或支付其他费用的贷款，商业银行向客户提供这种贷款时，要进行多方面的审查
	票据贴现贷款	票据贴现贷款是顾客将未到期的票据提交银行，由银行扣除自贴现日起至到期日止的利息而取得现款
抵押贷款	存货贷款	存货贷款也称商品贷款，是一种以企业的存货或商品作为抵押品的短期贷款
	客账贷款	银行发放的以应收账款作为抵押的短期贷款，称为"客账贷款"。这种贷款一般都为一种持续性的信贷协定
	证券贷款	银行发放的企业借款，除以应收款和存货作为抵押外，也有不少是用各种证券特别是公司企业发行的股票和债券作押的，这类贷款称为"证券贷款"
	不动产抵押贷款	不动产抵押贷款通常是指以房地产或企业设备为抵押品的贷款

（续）

分类	具体内容
保证书担保贷款	保证书担保贷款是指由经第三者出具保证书担保的贷款。保证书是保证为借款人作贷款担保，与银行的契约性文件，其中规定了银行和保证人的权利与义务。银行只要取得经保证人签字的银行拟定的标准格式保证书，即可向借款人发放贷款。因此，保证书是银行可以接受的最简单的担保形式
贷款证券化	贷款证券化是指商业银行通过一定程序将贷款转化为证券发行的总理资过程。具体做法是：商业银行将所持有的各种流动性较差的贷款，组合成若干个资产库，出售给专业性的融资公司，再由融资公司以这些资产库为担保，发行资产抵押证券。这种资产抵押证券同样可以通过证券发行市场发行或私募的方式推销给投资者。出售证券所收回的资金则可作为商业银行新的资金来源再用于发放其他贷款

2. 投资业务

投资业务的分类如下表所示。

项目	具体内容
含义	商业银行的投资业务是指银行购买有价证券的活动。投资是商业银行一项重要的资产业务，是银行收入的主要来源之一
分类	商业银行的投资业务，按照对象的不同可分为国内证券投资和国际证券投资。国内证券投资大体可分为三种类型：政府证券投资、地方政府证券投资和公司证券投资
	国家政府发行的证券，按照销售方式的不同可以分为两种：一种是公开销售的证券，另一种是不公开销售的证券
	商业银行购买的政府证券，包括国库券、中期债券和长期债券三种：第一，国库券。国库券是政府短期债券，期限在一年以下。第二，中长期债券。中长期债券是国家为了基建投资的资金需要而发行的一种债券，其利率一般较高，期限也较长，是商业银行较好的投资对象

二、 具体内容

1. 储备资产

储备资产是银行为应付存款提取而保存的各种形式的支付准备金的总称。储备资产包括库存现金、交存中央银行的存款准备金、存放在同业的存款、托收未达款项和托收中现金以及坏账准备金等。

2. 信贷资产

信贷资产是指银行所发放的各种贷款所形成的资产业务。贷款是按一定利率和确定的期限贷出货币资金的信用活动，是商业银行资产业务中最重要的项目，在资产业务中所占比重最大。贷款按照不同标准可以划分为多个种类，具体内容如下表所示。

划分标准	具体内容
保障程度（风险程度）	信用贷款是指银行完全凭借客户而无须提供担保品而发放的贷款
	担保贷款是银行凭借客户与其担保人的双重信誉而发放的贷款
	抵押贷款（包括贴现）要求客户提供具有一定价值的商品物质或有价证券作为抵放的贷款
	这种划分方法有利于银行加强贷款管理，提高贷款的安全性，银行在选择发放贷款方式时应视贷款对象、贷款风险程度加以确定
期限	1年以内的为短期贷款；1~7年的为中期贷款；7~10年的为长期贷款。以贷款时间来划分贷款种类，主要作用是有利于银行掌握资产的流动性，便于银行短、中、长期贷款保持适当比例
对象和用途	这种划分方法一方面有利于按贷款对象的偿还能力安排贷款秩序，另一方面有利于考察银行信贷资金的流动方向及在国民经济各部门间的分布状况，从而有利于分析银行信贷结构与国民经济情况
贷款的质量或占用形态	正常贷款是指能按期偿还本款
	逾期贷款是指超过贷款合同规定期限而银行又不同意延期的贷款
	呆滞贷款是指预计两年以上时间不能归还的贷款
	呆账贷款是指企业倒闭以后无力归还的贷款
	这种分类有利于加强银行贷款质量管理，找出产生贷款风险的原因，制定相应的措施和对策

| 中间业务 |

中间业务是指商业银行代理客户办理收款、付款和其他委托事项而收取手续费的业务，是银行不需动用自己的资金，依托业务、技术、机构、信誉和人才等优势，以中间人的身份代理客户承办收付和其他委托事项，提供各种金融服务并据以收取手续费的业务。银行经营中间业务无须占用自己的资金，是在银行的资产负债信用业务的基础上产生的，并可以促使银行信用业务的发展和扩大。

一、 中间业务的分类

中间业务范围广泛，包括结算、代理、担保、信托、租赁、融资、信息咨询、衍生金融工具交易等。按照不同的标准，可以将中间业务划分为多个种类。

1. 按照收入来源分类

目前国际上最常见的划分中间业务种类的依据是收入来源。美国银行业根据收入来源将中间业务分为五类，具体如下表所示。

分类	具体内容
信托业务收入	信托部门产生的交易和服务收入
投资银行和交易业务收入	证券承销、从事金融交易活动所产生的收入
存款账户服务费	包括账户维护费、最低金额罚款等
手续费收入	包括信用卡收费、贷款证券化、抵押贷款再融资服务收费、共同基金和年金的销售、自动提款机提款收费等
其他非手续费收入	包括数据处理服务费、各种资产出售收益等

2. 按照功能与性质分类

中国人民银行在《关于落实〈商业银行中间业务暂行规定〉有关问题的通知》中，将国内商业银行中间业务分为九类，如下图所示。

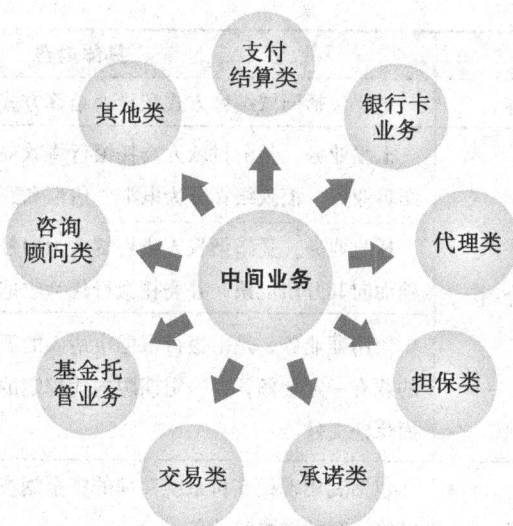

（1）支付结算类中间业务

支付结算类中间业务是指由商业银行为客户办理因债权债务关系引起的与货币支付、资金划拨有关的收费业务，如支票结算、进口押汇、承兑汇票等。支付结算类中间业务的具体内容如下表所示。

项目		具体内容
结算工具	内容	结算业务借助的主要结算工具包括银行汇票、商业汇票、银行本票和支票
	详细介绍	银行汇票是出票银行签发的、由其在见票时按照实际结算金额无条件支付给收款人或者持票人的票据
		商业汇票是出票人签发的、委托付款人在指定日期无条件支付确定的金额给收款人或持票人的票据。商业汇票分银行承兑汇票和商业承兑汇票
		银行本票是银行签发的、承诺自己在见票时无条件支付确定的金额给收款人或者持票人的票据
		支票是出票人签发的、委托办理支票存款业务的银行在见票时无条件支付确定的金额给收款人或持票人的票据

（续）

项目		具体内容
结算方式	内容	主要包括同城结算方式和异地结算方式
	详细介绍	汇款业务，是由付款人委托银行将款项汇给外地某收款人的一种结算业务。汇款结算分为电汇、信汇和票汇三种形式
		托收业务，是指债权人或售货人为向外地债务人或购货人收取款项而向其开出汇票，并委托银行代为收取的一种结算方式
		信用证业务，是由银行根据申请人的要求和指示，向收益人开立的载有一定金额，在一定期限内凭规定的单据在指定地点付款的书面保证文件
其他支付结算业务		包括利用现代支付系统实现的资金划拨、清算，利用银行内外部网络实现的转账等业务

（2）银行卡业务

银行卡业务是由经授权的金融机构向社会发行的具有消费信用、转账结算、存取现金等全部或部分功能的信用支付工具。银行卡业务的具体分类如下表所示。

分类依据	具体划分
清偿方式	可分为贷记卡业务、准贷记卡业务和借记卡业务。借记卡可进一步分为转账卡、专用卡和储值卡
结算的币种	可分为人民币卡业务和外币卡业务
使用对象	可以分为单位卡和个人卡
载体材料	可以分为磁性卡和智能卡（IC卡）
使用对象的信誉等级	可分为金卡和普通卡
流通范围	可分为国际卡和地区卡
其他分类方式	包括商业银行与营利性机构/非营利性机构合作发行联名卡/认同卡

（3）代理类中间业务

代理类中间业务指商业银行接受客户委托、代为办理客户指定的经济事务、提供金融服务并收取一定费用的业务，包括代理政策性银行业务、代收代付业务、代理证券业务、代理保险业务、代理其他银行银行卡收单业务等。其具体内容如下表所示。

代理业务种类	业务介绍
代理政策性银行业务	商业银行接受政策性银行委托，代为办理政策性银行因服务功能和网点设置等方面的限制而无法办理的业务，包括代理贷款项目管理等
代理中国人民银行业务	根据政策、法规应由中央银行承担，但由于机构设置、专业优势等方面的原因，由中央银行指定或委托商业银行承担的业务，主要包括财政性存款代理业务、国库代理业务、发行库代理业务、金银代理业务
代理商业银行业务	商业银行之间相互代理的业务，如为委托行办理支票托收等业务
代收代付业务	商业银行利用自身的结算便利，接受客户的委托代为办理指定款项的收付事宜的业务，例如代理各项公用事业收费、代理行政事业性收费和财政性收费、代发工资、代扣住房按揭消费贷款还款等
代理证券业务	银行接受委托办理的代理发行、兑付、买卖各类有价证券的业务，还包括接受委托代办债券还本付息、代发股票红利、代理证券资金清算等业务。此处有价证券主要包括国债、公司债券、金融债券、股票等
代理保险业务	商业银行接受保险公司委托代其办理保险业务的业务。商业银行代理保险业务，可以受托代理个人或法人投保各种的保险事宜，也可以作为保险公司的代表，与保险公司签订代理协议，代保险公司承接有关的保险业务。代理保险业务一般包括代售保单业务和代付保险金业务
其他代理业务	包括代理财政委托业务、代理其他银行银行卡收单业务等

（4）担保类中间业务

担保类中间业务指商业银行为客户债务清偿能力提供担保，承担客户违约风险的业务，包括银行承兑汇票、备用信用证、各类保函等。其具体内容如下表所示。

业务名称	业务介绍
银行承兑汇票	由收款人或付款人（或承兑申请人）签发，并由承兑申请人向开户银行申请，经银行审查同意承兑的商业汇票
备用信用证	开证行应借款人要求，以放款人作为信用证的收益人而开具的一种特殊信用证，以保证在借款人破产或不能及时履行义务的情况下，由开证行向收益人及时支付本利
各类保函业务	包括投标保函、承包保函、履约保函、借款保函等
其他担保业务	其他属于担保类中间业务范畴的业务类型

（5）承诺类中间业务

承诺类中间业务是指商业银行在未来某一日期按照事前约定的条件向客户提供约定信用的业务，包括贷款承诺、透支额度等可撤销承诺和备用信用额度、回购协议、票据发行便利等不可撤销承诺两种。

① 可撤销承诺附有客户在取得贷款前必须履行的特定条款，在银行承诺期内，客户如没有履行条款，则银行可撤销该项承诺。可撤销承诺包括透支额度等。

② 不可撤销承诺是银行不经客户允许不得随意取消的贷款承诺，具有法律约束力，包括备用信用额度、回购协议、票据发行便利等。

（6）交易类中间业务

交易类中间业务指商业银行为满足客户保值或自身风险管理的需要，利用各种金融工具进行的资金交易活动，包括期货、期权等各类金融衍生业务。其具体内容如下表所示。

业务名称	内容介绍
远期合约	交易双方约定在未来某个特定时间以约定价格买卖约定数量的资产，包括利率远期合约和远期外汇合约
金融期货	以金融工具或金融指标为标的的期货合约
互换	交易双方基于自己的比较利益，对各自的现金流量进行交换，一般分为利率互换和货币互换
期权	期权的买方支付给卖方一笔权利金，获得一种权利，可于期权的存续期内或到期日当天，以执行价格与期权卖方进行约定数量的特定标的的交易。按交易标的划分，期权可分为股票指数期权、外汇期权、利率期权、期货期权、债券期权等

（7）基金托管业务

基金托管业务是指有托管资格的商业银行接受基金管理公司委托，安全保管所托管的基金的全部资产，为所托管的基金办理基金资金清算款项划拨、会计核算、基金估值、监督管理人投资运作，包括封闭式证券投资基金托管业务、开放式证券投资基金托管业务和其他基金的托管业务。

（8）咨询顾问类业务

咨询顾问类业务是指商业银行依靠自身在信息、人才等方面的优势，收集和整理有关信息，并结合银行和客户资金运动的特点，形成系统的资料和方案，提供给客户，以满足其业务经营管理或发展的需要的服务活动，主要包括财务顾问和现金管理业务等。其具体内容如下表所示。

业务名称	内容介绍
企业信息咨询业务	包括项目评估、企业信用等级评估、验证企业注册资金、资信证明、企业管理咨询等
资产管理顾问业务	为机构投资者或个人投资者提供全面的资产管理服务，包括投资组合建议、投资分析、税务服务、信息提供、风险控制等

（续）

业务名称	内容介绍
财务顾问业务	包括大型建设项目财务顾问业务和企业并购顾问业务。大型建设项目财务顾问业务指商业银行为大型建设项目的融资结构、融资安排提出专业性方案。企业并购顾问业务指商业银行为企业的兼并和收购双方提供的财务顾问业务，银行不仅参与企业兼并与收购的过程，而且作为企业的持续发展顾问，参与公司结构调整、资本充实与重新核定、破产和困境公司的重组等策划及操作过程
现金管理业务	商业银行协助企业，科学合理地管理现金账户头寸及活期存款余额，以达到提高资金流动性和使用效益的目的

（9）其他类中间业务

其他类中间业务包括保管箱业务以及其他不能归入以上八类的业务。

3. 按照风险分类

巴塞尔委员会从中间业务的风险角度将其分为两大类：金融服务类中间业务和或有债权、或有债务类中间业务。

金融服务类中间业务，是指那些只能为银行带来服务性收入而又不会影响银行表内业务质量的业务，包括与贷款有关的业务、信托和咨询业务、代理业务、支付业务等。

或有债权、或有债务类中间业务，是指不在资产负债表内反映，但在一定条件下会转化为资产或负债业务的中间业务，包括贷款承诺、担保业务、金融衍生业务和投资银行业务等。

商业银行依据哪种标准对中间业务进行分类，取决于其经营管理的需要，比如国有商业银行中，工商银行与建设银行将中间业务产品分为结算、代理、银行卡、托管类、委托贷款、房改金融、咨询顾问、担保类、其他类九项。中国银行和农业银行则将中间业务分为结算、代理、银行卡、托管和其他类五项。

二、中间业务的特点

商业银行中间业务与商业银行表内资产负债业务相比，风险度较低，但并不是没有风险。与表内资产负债业务相比，商业银行中间业务呈现以下特点。

特点	具体内容
自由度较大	中间业务不像传统的资产负债业务，受金融法规的严格限制。一般情况下，只要交易双方认可，就可达成协议。中间业务可以在场内交易，也可以在场外交易。绝大多数中间业务不需要相应的资本金准备，这导致部分商业银行委托性和自营性中间业务的过度膨胀，从而给商业银行带来一定的潜在风险

（续）

特点	具体内容
透明度差	中间业务大多不反映在资产负债表上，许多业务不能在财务报表上得到真实反映，财务报表的外部使用者如股东、债权人和金融监管当局难以了解银行的全部业务范围和评价其经营成果，经营透明度下降，影响了市场对银行潜在风险的正确和全面的判断，不利于监管当局的有效监管
风险分散	多数交易风险分散于银行的各种业务之中。中间业务涉及多个环节，银行的信贷、资金、财会、计算机等部门都与其相关，防范风险和明确责任的难度较大
高杠杆作用	所谓高杠杆作用，就是"小本博大利"。这主要是指金融衍生业务中的金融期货、外汇按金交易等业务所具有的特征。例如，一名债券投资者，只要拿出 10 万美元，便可以在金融期货市场上买入几个 100 万美元价值的债券期货合约。由于高杠杆的作用，从事金融衍生业务交易，既存在着大赚的可能性，也存在着大亏的可能性

三、 中间业务的作用

与商业银行表内资产业务相比，商业银行中间业务具有以下作用。

中间业务的作用	具体内容
不直接构成商业银行的表内资产或负债，风险较小，为商业银行的风险管理提供了工具和手段	商业银行在办理中间业务的时候，不直接以债权人或债务人的身份参与，不直接构成商业银行的表内资产或负债，虽然部分业务会产生"或有资产"或"或有负债"，但相对于表内业务而言，风险较小，改变了商业银行的资产负债结构
为商业银行提供了低成本的稳定收入来源	由于商业银行在办理中间业务时，通常不运用或不直接运用自己的资金，大大降低了商业银行的经营成本 中间业务收入为非利息收入，不受存款利率和贷款利率变动的影响 由于信用风险和市场风险较小，中间业务一般不会遭受客户违约的损失，即使损失，影响也不大
为商业银行提供了低成本的稳定收入来源	这样，中间业务能给商业银行带来低成本的稳定收入来源，有利于提高商业银行的竞争能力和促进商业银行的稳健发展 中间业务收入已经成为西方国际性商业银行营业收入的主要组成部分，占比一般为 40% ~60%，一些银行甚至超过 70%
完善了商业银行的服务功能	随着财富的积累、物质生活和文化生活的日益丰富，不管是企业还是个人，对个人理财、企业理财、咨询、外汇买卖、证券买卖等各方面均存在较大需求

Chapter 5
第五章
银行的主要业务

在生活中，人们经常去银行办理的业务有存款、取款、贷款和银行卡等，而这些常见的业务也就是银行的主要业务。本章将对与人们生活密切相关的几种常见的银行业务进行介绍。

| 存款业务 |

存款是存款人基于对银行的信任而将资金存入银行，并可以随时或按约定时间支取款项的一种信用行为。存款是银行对存款人的负债，是银行最主要的资金来源。存款业务是银行的传统业务和基础业务。

一、 存款的分类

银行存款业务依据客户和业务性质的不同分为三类：个人存款业务、对公存款业务和外币存款业务。按照存款的时间长短又可以分为活期存款、定期存款和储蓄存款。下面将两种分类方式相结合，对存款业务进行详细介绍。

1. 个人存款业务

个人存款业务包括个人活期存款、个人定期存款、定活两便存款、个人通知存款和教育储蓄存款（如下图所示）。

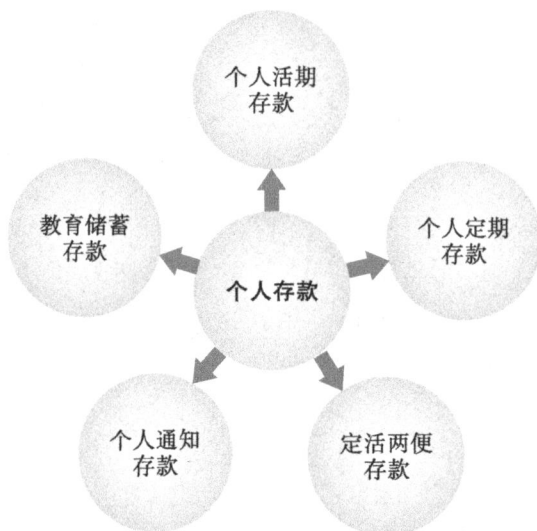

（1）个人活期存款

活期储蓄是指存入时不限定存期，存取次数、金额不限的一种存款产品。人民币活期储蓄一元起存，多存不限。存款计息起点为元，分段计息算至厘位，利息算至分位。

与定期存款相比，活期存款在一定程度上更适合居民小额存款。因此，活期存款虽然利率较低，但有时其增长率却高于定期存款。

（2）个人定期存款

定期存款是指银行与存款人双方在存款时事先约定期限、利率，到期后支取本息的存款。它具有存期最短三个月、最长五年，选择余地大，利息收益较稳定的特点。其具体内容如下表所示。

定期存款方式	具体内容
整存整取	整存整取定期储蓄是指个人将其所有的人民币或外币一次性存入银行，约定存期，到期一次性支取本息的一种储蓄存款，简称定期存款。50元起存，存期有三个月、六个月、一年、两年、三年、五年
零存整取	零存整取定期储蓄是指开户时约定存期，本金分次存入，到期一次性支取本息的储蓄存款方式。逐月存储，每月存入固定金额。存期分为一年、三年、五年
	每月存入固定金额，存款金额在开户时与银行约定，每月存入一次，中途如有漏存，应在次月补齐，未补存者，视同违约，对违约后存入的部分，支取时按活期利率计算利息

（续）

定期存款方式	具体内容
零存整取	如需提前支取，按照支取日公告的活期利率计息 逾期支取：逾期利息＝到期时存款余额×逾期天数×年利率/360，逾期部分均以支取日活期利率计息
整存零取	整存零取定期储蓄是指个人将其所有的人民币一次性存入银行，分期支取本金，到期支取利息的一种定期储蓄。1 000 元起存，存期有一年、三年、五年；支取期为一个月、三个月或半年一次。本金可全部（不可部分）提前支取，利息期满时结算
存本取息	存本取息定期存款是指存款本金一次存入，约定存期及取息期，存款到期一次性支取本金，分期支取利息的业务
	存本取息定期存款 5 000 元起存，存期分为一年、三年、五年。取息日由客户开户时约定，可以一个月或几个月取息一次；取息日未到不得提前支取利息；取息日未取息，以后可随时取息，但不计复息

（3）定活两便存款

定活两便储蓄存款是一种不确定存款期限，利率随存期长短而变动的介于活期和定期之间的储蓄方式，起存金额为 50 元。其产品特点和计息方式如下表所示。

定活两便存款	具体内容
产品特点	存期灵活：存期不限，可随时支取
	收益较高：可获得比活期储蓄更高的利息收入
计息方式	不满三个月的，按活期存款利率计付利息
	三个月以上（含三个月）不满半年的，整个存期按支取日整存整取定期储蓄存款三个月的存款利率打六折计息
	存期半年以上（含半年）不满一年的，整个存期按支取日整存整取定期储蓄存款半年的存款利率打六折计息
	存期一年以上（含一年）的，无论存期多长，整个存期按支取日整存整取定期储蓄存款一年的存款利率打六折计息

（4）个人通知存款

个人通知存款是指客户存款时不必约定存期，支取时需提前通知银行，约定支取存款日期和金额方能支取的一种存款品种。其具体内容如下表所示。

个人通知存款	具体内容
定义	个人通知存款需一次性存入，可一次支取或多次支取。不论实际存期多长，按存款人提前通知的期限长短划分为一天通知存款和七天通知存款两个品种，最低起存金额为5万元，最低支取金额为5万元
功能	存款利率高于活期储蓄利率。存期灵活、支取方便，能获得较高收益，适用于大额、存取较频繁的存款。适用对象为个人客户
办理程序	个人通知存款凭证为记名式存单，开立存单时注明"通知存款"字样
	客户一次全部支取通知存款时，由开户银行收回存单，办理销户手续；客户部分支取通知存款时，留存资金高于最低起存金额的，需重新填写通知存款存单，从原开户日计算存期；未支取部分若低于通知存款起存金额，应予以清户
注意事项	通知存款支取时，必须提前一天或七天通知银行，通知方式由开户银行和存款人自行约定，并提交存单
	通知存款如遇到以下情况，按活期存款利率计算：实际存期不足通知期限的；未提前通知而支取的；已办理通知手续而提前支取或逾期支取的；支取金额不足或超过约定金额的；支取金额不足最低支取金额的
	通知存款如已办理通知手续而不支取或在通知期限内取消通知的，通知期限内不计息
	通知存款存入时，存款人自由选择通知存款品种，但存款凭证上不注明存期和利率，按支取日挂牌公告的相应利率和实际存期计息，利随本清。部分支取的，支取部分按支取日对应档次的利率计付利息，留存部分仍从开户日计算存期
特点	个人通知存款集活期储蓄与定期储蓄的优点于一体，其特点是：一次存入，分次支取，利随本清，存期越长，利息越高
	支取时储户可根据需要分成若干次支取，支取的部分根据实际存期按支取日挂牌公告的利率计息，未取部分的按原存入日起息

（5）教育储蓄存款

教育储蓄是指个人按国家有关规定在指定银行开户、存入规定数额资金、用于教育目的的专项储蓄，是一种专门为学生支付非义务教育所需教育金的专项储蓄。其具体内容如下表所示。

教育储蓄存款	具体内容
定义	教育储蓄是指个人为其子女接受非义务教育［指九年义务教育之外的全日制高中（中专）、大专和大学本科、硕士和博士研究生］积蓄资金，每月固定存额，到期支取本息的一种定期储蓄

（续）

教育储蓄存款	具体内容
开户对象	开户对象为在校小学四年级（含四年级）以上的学生
起点金额	教育储蓄存期分为一年、三年、六年。教育储蓄50元起存，每户本金最高限额为2万元
服务特色	税务优惠，按照国家相关政策规定，教育储蓄的利息收入可凭有关证明享受免税待遇
	积少成多，适合为子女积累学费，培养理财习惯
存款利率	一年期、三年期教育储蓄按开户日同期同档次整存整取定期储蓄存款利率计息；六年期按开户日五年期整存整取定期储蓄存款利率计息。一般利率是：一年期3.25%，三年期5.0%，六年期5.5%
	教育储蓄在存期内如遇利率调整，仍按开户日利率计息
操作指南	开户时，须凭客户本人（学生）户口簿或居民身份证到储蓄机构以客户本人的姓名开立存款账户，金融机构根据客户提供的上述证明，登记证件名称及号码
	开户时客户须与银行约定每次固定存入的金额，分次存入
	到期支取：客户凭存折、身份证、户口簿（户籍证明）和学校提供的正在接受非义务教育的学生身份证明，一次支取本金和利息，每份"证明"只享受一次利息税优惠。客户如不能提供"证明"，其教育储蓄不享受利息税优惠 提前支取：教育储蓄提前支取时必须全额支取 逾期支取：教育储蓄超过原定存期部分（逾期部分），利率优惠

2. 对公存款业务

对公存款业务又叫作单位存款业务，是指企业、事业、机关、部队和社会等单位在金融机构办理的存款。对公存款业务可分为以下几个类型。

（1）单位活期存款

单位活期存款是指企业、事业、机关、部队、社会团体及其他经济实体（以下简称"单位"）在银行开立结算账户，办理不规定存期，单位可随时转账、存取的存款。单位结算账户是指银行为单位开立的办理资金收付结算的人民币活期存款账户。单位结算账户按用途分为基本存款账户、一般存款账户、临时存款账户和专用存款账户（如下图所示）。

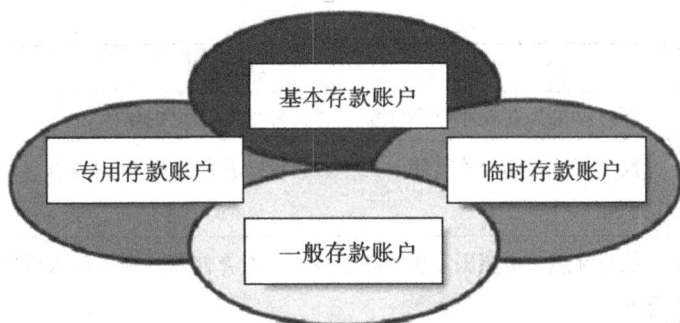

① 基本存款账户是指存款人因办理日常转账结算和现金收付需要开立的银行结算账户。

② 一般存款账户是指存款人因借款或其他结算需要，在基本存款账户开户银行以外的银行营业机构开立的银行结算账户。

③ 专用存款账户是指存款人按照法律、行政法规和规章，对其特定用途资金进行专项管理和使用而开立的银行结算账户。

④ 临时存款账户是指存款人因临时需要并在规定期限内使用而开立的银行结算账户。

单位活期存款的服务对象、产品特点和办理方式如下表所示。

单位活期存款	具体内容
服务对象	企业法人，企业法人内部单独核算的单位，实行财政预算管理的行政机关、事业单位，县级（含）以上军队、武警单位，外国驻华机构，社会团体，单位附设的食堂、招待所、幼儿园，外地常设机构，私营企业、个体经济户
产品特点	存取款灵活方便，自由支配 适用于单位日常收支和存放暂时闲置的资金 活期利息收入且无需缴纳利息收入所得税
办理方式	填制开户申请书，提供规定的证件、证明或有关文件 提交盖有存款人签章的印鉴卡片，印鉴应包括单位财务专用章、单位法定代表人章（或主要负责人印章）和财会人员章等

（2）单位定期存款

单位定期存款是指企业、事业、机关、部队和社会团体等将一段时期内闲置的资金按约定的存期和利率存入银行，存款到期后支取本息。

单位定期存款按存款日中国人民银行挂牌公告的定期存款利率计付利息，不同档次执行不同利率，遇利率调整，不分段计息。目前，单位定期存款的期限分为三个月、半年、一年、两年、三年、五年六个档次。

单位定期存款的相关内容如下表所示。

单位定期存款	具体内容
产品特点	约定存期，到期一次性支取本息，可以提前支取 利率较高，可以为存款人带来更多的利息收入 利息收入无需缴纳利息收入所得税
业务约定	单位定期存款的起存金额为1万元，多存不限，通常采用一本通账户管理。单位定期存款可约定多次自动转存，自动转存分为本金转存或本金与利息之和一并转存。办理本金转存的客户须在经办行开立活期存款账户。转存时利率执行转存日挂牌公告利率，转存后的定期存款沿用原账号和原预留印鉴
	单位定期存款可以全部或部分提前支取，部分提前支取仅限一次。部分提前支取的，剩余部分如不低于起存金额，可按原存期、利率、账号开具新的证实书；如未支取部分小于定期存款起存金额，应办理销户手续。提前支取的部分按支取日挂牌公告的活期存款利率计息，其余部分如不低于起存金额，继续按原存款开户日挂牌公告的同档次定期存款利率计息
办理方式	填制开户申请书，提供规定的证件、证明或有关文件。提交盖有存款人签章的印鉴卡片，印鉴应包括单位财务专用章、单位法定代表人章（或主要负责人印章）和财会人员章等

（3）单位通知存款

单位通知存款是指存款人在存入款时不约定存期，支取时需提前通知金融机构，约定支取日期和金额方能支取的存款。不论实际存期多长，分为一天通知存款和七天通知存款两个品种。凡在开户行开立人民币基本存款账户或一般账户的企业、事业、机关、部队、社会团体和个体经济户等单位，只要通过电话或书面通知开户行的公司存款部门，即可申请办理通知存款。客户不需要约定存期，只在支取时事先通知存款银行。

单位通知存款的具体内容如下表所示。

单位通知存款	具体内容
开户	开户时单位须提交开户申请书、营业执照正本副本影印件等，并预留印鉴。印鉴应包括单位财务专用章、单位法定代表人章（或主要负责人章）、财务人员章及编码印鉴
	中国工商银行为客户开出记名式《中国工商银行单位通知存款开户证实书》（以下简称证实书），证实书仅对存款单位开户证实，不得作为质押权利凭证。证实书如果遗失，银行不予办理挂失，不再补发新的证实书。支取存款时，客户应向银行出具证实书遗失公函，银行按约定的支取方式办理取款手续

（续）

单位通知存款	具体内容
存入	通知存款为记名式存款，起存金额 50 万元，须一次性存入，可以选择现金存入或转账存入，存入时不约定期限
通知	通知存款不管实际存期的长短，统一按存款人取款提前通知的期限长短划分为一天通知存款和七天通知存款两个品种
	一天通知存款必须至少提前一天通知约定支取存款，七天通知存款必须至少提前七天通知约定支取存款。单位选择通知存款品种后不得变更
	存款人进行通知时应向开户银行提交《中国工商银行单位通知存款取款通知书》。提交方式为客户本人到银行或者传真通知，但支取时须向银行递交正式通知书
支取	单位通知存款可一次或分次支取，每次最低支取额为 10 万元以上，支取存款利随支清，支取的存款本息只能转入存款单位的其他存款户，不得支取现金
	具体支取方式包括：① 单笔全额支取，存款单位需出具单位通知存款证实书。② 部分支取，须到开户行办理。部分支取时账户留存金额不得低于 50 万元，低于 50 万元起存金额的，做一次性清户处理，并按清户日挂牌活期利率计息办理支取手续并销户。留存部分金额大于 50 万元的，银行按留存金额、原起存日期、原约定通知存款品种出具新的通知存款证实书
特点	计划性强：适用于财务管理规范的企业，只要选择了该存款品种，支取时提前一天或七天通知银行，约定支取日期和支取金额，便可根据单位客户的财务计划安排使用资金
	收益较高：利率水平高于活期存款，在不妨碍单位客户使用资金的情况下，可获得稳定较高的利息收益
	同城通存通兑：在已开通对公通存通兑业务的城市，单位客户可通过银行同城各分理处以上联机网点，办理存取款业务，方便单位客户资金调拨和周转
注意事项	客户应与银行约定取款方式，填写《通知存款支取方式约定书》
	清户时，客户须到开户行办理手续，银行将账户本息以规定的转账方式转入其指定的账户
	单位通知存款利率按中国人民银行规定同期利率执行。单位通知存款实行账户管理，其账户不得做结算户使用

（4）单位协定存款

协定存款是指客户通过与银行签订《协定存款合同》，约定期限、商定结算账户需要保留的基本存款额度，由银行对基本存款额度内的存款按结息日或支取日活期存款利率计息，超过基本存款额度的部分按结息日或支取日人行公布的高于活期存款利率、低于六个月定期存款利率的协定存款利率给付利息的一种存款。

单位协定存款的相关内容如下表所示。

单位协定存款	具体内容
开户	单位应与开户行签订《协定存款合同》，合同期限最长为一年（含一年），到期任何一方如未提出终止或修改，则自动延期。凡申请在商业银行开立协定存款账户的单位，应已开立基本存款账户或一般存款账户（以下简称"结算户"），用于正常经济活动的会计核算。该账户称为 A 户，同时计算机自动生成协定存款账户（以下简称 B 户）。如单位已有结算账户，则将原有的结算账户作为 A 户，为其办理协定存款手续
存入	协定存款的起存金额由各商业银行自行规定
支取	协定存款账户的 A 户视同一般结算账户管理使用，可用于现金转账业务支出，A 户、B 户均不得透支，B 户作为结算户的后备存款账户，不直接发生经济活动，资金不得对外支付
结息	每季度末月二十日或协定存款户（B 户）销户时应计算协定存款利息。季度计息统一于季度计息日的次日入账，如属协定存款合同期满终止续存，销户前的未计利息于季度结息时一并计入结算户（A 户）
销户	协定存款合同期满，若单位提出终止合同，应办理协定存款户销户，将协定户（B 户）的存款本息结清后，全部转入基本存款账户或一般存款账户中。结清 A 户，B 户也必须同时结清。在合同期内原则上客户不得要求清户，如有特殊情况，须提出书面声明，银行审核无误后，办理清户手续
注意事项	如开户行已开办通存通兑业务，协定存款账户（A 户）内资金可以在其他已联网机构使用。协定存款余额两年以上（含两年）低于起存金额的，将利息结清后，作为一般账户处理，不再享受优惠利率。协定存款账户连续使用两年以后仍需继续使用的，须与银行签订《协定存款合同》
办理程序	就近到中国银行分理处以上分支机构，开立人民币基本存款账户或一般存款账户
	法人或法人委托代表与银行签订《协定存款合同》。双方确认后，银行将合同文本交与客户
	银行计算机系统自动为客户建立结算户与协定户之间的相互对应关系
	合同生效，账户自动按协定存款利率计息

二、 存款利息

存款利息是指银行向存款人支付的利息。存款利息金额因存款种类和期限的长短而不同。存款的期限越长，存款人的利息收入越高；活期存款最不稳定，所以存款人的利息收入也最低。不同存款方式的利率和计息方式不同，具体内容如下表所示。

存款利息	计算方法
活期利息	活期储蓄的利息 = Σ（积数×日利率）= Σ（每日变动的存款余额×实存天数×日利率）
定期利息	利息 = 本金×年利率×存期
零整利息	到期支取：利息 = 本金×利率×存期
	逾期支取：到期日支付规定利息，到期日以后部分按活期利率付息，利息 =（本金×定利率×存期）+（本金×活利率×实际天数）
	提前支取：利息 = 本金×活利率×实际天数
	部分支取：利息 = 部分本金×活利率×实际天数
定活两便利息	利息 = 本金×利率（定期六折）×天数
教育储蓄利息	教育储蓄利率规定：按同档次定期利率支付利息，六年的按同档次五年利率支付利息
	正常支取：储户凭存折与教育证明一次支取本金和利息，储户凭证明可以免税，如果不提供证明，不提供免税的义务
	过期支取：教育储蓄逾期支取的，超过原定存期部分，按支取日活期利率计算利息，该部分收取利息税
	提前支取：教育储蓄提前支取时，必须全额支取。有教育证明的，按实际存期同档次整存整取计算利息，并且免征利息税；如果没有教育证明，按活期计算利息，并且征收利息税

三、 存款业务流程

银行的存款业务流程如下图所示。

存款	·个人持有身份证和现金，填写存款凭条。柜台储蓄人员核实现金与证件无误后记账，存款单或活期存折退存款人
取款	·个人持身份证和存单，填写取款凭条。柜台储蓄人员核实存单与证件无误后记账付款，现金（活期存款还包括活期存折）交存款人清点收纳
结账	·日终，柜台储蓄人员将库存现金与计算机打出的现金库存进行核对，连同存取款凭条交会计综合人员。将会计凭证与科目结单进行核对，核对无误交事后监督
监控	·营业中由监控器进行监控 ·事后，由后台人员进行二次审核、录入与核对。基本账户的开销户报中国人民银行
盘点	·定期对柜台人员的现金进行盘点
对账	·年终专人负责进行银行和企业的对账

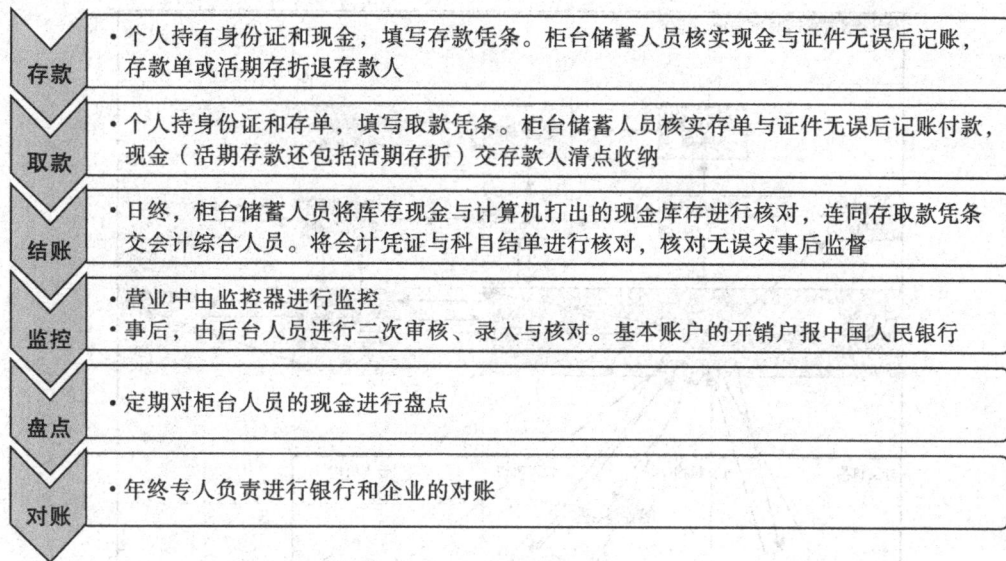

四、存款登记与核算

银行存款每日记账有固定的方法和格式。其中，三栏式银行存款日记账是设置有"收入栏""支出栏"和"余额栏"，并由出纳员根据银行存款收、付款记账凭证和现金付款凭证（记录将现金存入银行业务），按经济业务发生的顺序逐日逐笔登记的一种特种日记账。下图为三栏式银行存款日记账示例。

银行存款日记账（三栏式）

20××年		记账凭证	摘要	结算凭证		对方科目	收入	付出	结余
月	日			种类	号数				
3	1		月初余额						200 000
	1	银付1	提取现金	现金支票	0356	现金		5 000	195 000
	1	银收1	销售收入	转账支票	2375	主营业务收入	35 100		230 100
	1	银付2	付材料款	转账支票	0431	物资采购		46 800	183 300

银行会计人员要定期对银行的现金和资金流向进行详细的核对与计算，确保银行资金项目清晰无误。会计核算的基本流程如下图所示。

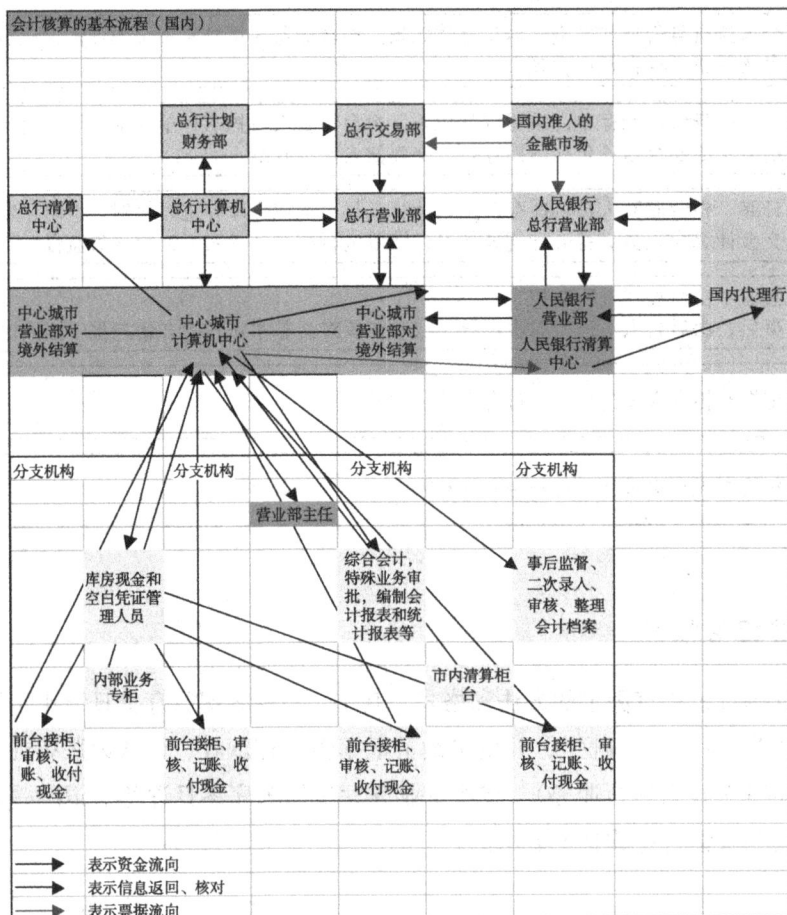

会计核算的基本流程（国内）

图中文字：
- 总行计划财务部
- 总行交易部
- 国内准入的金融市场
- 总行清算中心
- 总行计算机中心
- 总行营业部
- 人民银行总行营业部
- 中心城市营业部对境外结算
- 中心城市计算机中心
- 中心城市营业部对境外结算
- 人民银行营业部
- 国内代理行
- 人民银行清算中心
- 分支机构
- 营业部主任
- 综合会计，特殊业务审批，编制会计报表和统计报表等
- 事后监督、二次录入、审核、整理会计档案
- 库房现金和空白凭证管理人员
- 内部业务专柜
- 市内清算柜台
- 前台接柜、审核、记账、收付现金（×4）

表示资金流向
表示信息返回、核对
表示票据流向

信贷业务

信贷业务是商业银行最重要的资产业务，通过放款收回本金和利息，扣除成本后获得利润，所以信贷是商业银行的主要盈利手段。

一、信贷业务的分类

信贷业务按不同的划分标准有不同的分类，具体如下表所示。

划分标准	具体划分
期限	分为短期信贷业务、中期信贷业务和长期信贷业务。短期期限在一年以内（含一年），中期期限在一年到五年之间（含五年），长期期限在五年以上
担保方式	分为信用信贷业务、担保信贷业务（包括保证、抵押和质押方式）
币种	分为本币信贷业务和外币信贷业务
性质和用途	分为固定资产贷款（包括基本建设贷款、技术改造贷款、房地产开发贷款等）、流动资金贷款（包括工商业和建筑业等流动资金贷款）、循环额度贷款、消费贷款、保证、承兑等
组织形式	分为普通贷款、联合贷款和银团贷款
资金来源	分为信贷资金贷款、委托贷款和境外筹资转贷款等
授信对象	分为公司类信贷业务和个人类信贷业务

二、 个人信贷业务的分类

个人信贷业务主要是指运用从负债业务筹集的资金，将资金的使用权在一定期限内有偿让渡给个人，并在贷款到期时收回资金本息以取得收益的业务。

个人信贷是信贷业务的一种，其特点和具体分类详见下表。

个人信贷业务		具体内容
特点		利率水平高 规模呈现周期性 借款人缺乏利率弹性
分类	个人住房贷款	个人住房商业性贷款：银行信贷资金所发放的自营贷款，指具有完全民事行为能力的自然人，购买本市城镇自住住房时，以其所购产权住房为抵押物，作为偿还贷款的保证而向银行申请的住房商业性贷款
		个人住房公积金贷款：政策性的住房公积金所发放的委托贷款，指缴存住房公积金的职工，在本市城镇购买、建造、翻建、大修自住住房时，以其所拥有的产权住房为抵押物，作为偿还贷款的保证而向银行申请的住房公积金贷款

（续）

个人信贷业务		具体内容
分类	个人住房贷款	个人住房组合贷款：凡符合个人住房商业性贷款条件的借款人同时缴存住房公积金，在办理个人住房商业性贷款的同时还可向银行申请个人住房公积金贷款，即借款人以所购本市城镇自住住房作为抵押物，可同时向银行申请个人住房公积金贷款和个人住房商业性贷款
	个人汽车消费贷款	
	个人耐用消费品贷款	
	个人经营性贷款	
	个人有价单证质押贷款	
	个人小额信用贷款	个人小额信用贷款是银行或其他金融机构向资信良好的借款人发放的无需提供担保的人民币信用贷款。以个人信用及还款能力为基础，额度一般不会超过20万元，借款期为1~2年不等
	个人非住宅抵押贷款	分期还款的贷款 一次性还款的贷款 信用卡贷款

三、个人信贷申请流程

个人信贷的申请条件、办理规则等内容如下表所示。

个人信贷	具体内容
申请条件	年满25周岁，具有完全民事行为能力，并且在中国境内有常住户口或有效居住证明
	具有固定的职业或者稳定的经济收入，能够保障按期还本付息的能力
	信用记录良好，无不良信用记录
	能够提供银行认可的、合法有效的担保
	银行规定的其他条件

（续）

个人信贷	具体内容		
办理规则	客户申请：按要求填写贷款申请书		
	客户提交材料：申请人的身份证明材料，包括有效居民身份证、户口簿、居住证明。有配偶的，应同时提供结婚证、配偶的居民身份证及相关身份证明材料。个体业主的营业执照、纳税凭证和所申请的贷款要求提供担保的（含抵押、保证）应提交担保材料		
	审查	客户提交的材料是否齐全，加盖的公章是否清晰，贷款企业名称与营业执照是否相符，材料的完整性、合法性、规范性、真实性、有效性	
		信贷业务的币种、期限、金额、担保方式、借款用途与协商的内容是否相符	
		信贷业务申请用途、期限、金额、担保方式及委托代理人基本情况与股东会决议或董事会决议是否一致。在有关决议上的签章人是否符合公司章程组织文件规定	
		经年审合格的营业执照及其他有效证明	
		抵押或保证材料的审查。抵押物是否充足，保证人是否有能力足额保证。客户申请材料审核后，如材料不全，经办人需将申请材料退还客户，并做好解释工作；如材料齐全，再核对原件并由客户在影印件上签署原件与复印件一致的签名，确认后再填写"信贷业务评价交接单"。进入调查阶段，应在半个工作日内完成	
	信用评价：客户的整体资信状况，包括人民银行的信用状况和社会信用状况、资产负债状况、房产状况、贷款用途、还款来源是否可靠、抵押或保证是否可行		
	审批		
	落实贷前条件		
	签订合同，包括保证或抵押合同		
	支用		
	信贷登记		
	会计核算		
	贷后检查		
	贷款回收		

（续）

个人信贷	具体内容
快速办理	个人信用贷款。办理银行的个人信用贷款，只需贷款申请人具有稳定的工作及收入，一般贷款额度在1万~50万元之间，贷款年限最高为五年。个人信用贷款可以通过快易贷在线申请，通常银行审核资料通过后一个工作日即可放款，属于无须抵押、操作简便的快速贷款方案
	房产抵押贷款。房产抵押是指将自有房产抵押给银行，从而换取银行的贷款。房产抵押贷款不会影响房产的居住权，也不影响生活质量。这种贷款方案还款年限长、贷款额度高，是企业和个人贷款寻求大笔资金的好选择
	已贷款的房产可再次抵押贷款。当初买房已经按揭贷款的房产，或是已经抵押贷款的房产，按当前市场价格重新评估，可再次申请银行抵押贷款。贷款人提供相应贷款申请材料即可申办

银行卡业务

银行卡是指经批准由商业银行（含邮政金融机构）向社会发行的具有消费信用、转账结算、存取现金等全部或部分功能的信用支付工具。

一、银行卡分类

一般情况下，银行卡分为信用卡和借记卡两种，具体如下图所示。

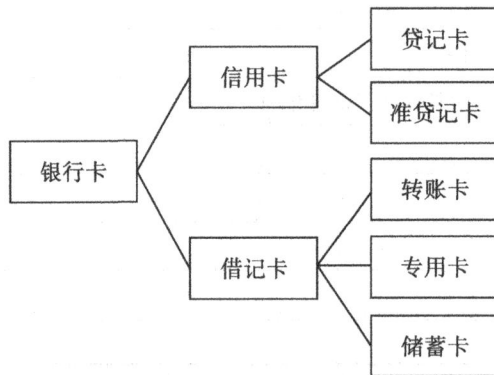

银行卡 → 信用卡 → 贷记卡 / 准贷记卡；借记卡 → 转账卡 / 专用卡 / 储蓄卡

信用卡又分为贷记卡和准贷记卡。贷记卡是指发卡银行给予持卡人一定的信用额度，持卡人可在信用额度内先消费、后还款的信用卡。准贷记卡是指持卡人先按银行要求交存一定金额的备用金，当备用金不足以支付时，可在发卡银行规定的信用额度内透支的信用卡。

借记卡按功能不同分为转账卡、专用卡和储蓄卡。借记卡不能透支。转账卡具有转账、存取现金和消费的功能。专用卡是在特定区域、专用用途（百货、餐饮、娱乐行业以外的用途）使用的借记卡，具有转账、存取现金的功能。储蓄卡是银行根据持卡人要求将资金转至卡内储存，交易时直接从卡内扣款的预付钱包式借记卡，这也是我们经常用到的银联卡。

除了以上分类方法外，银行卡还有其他分类标准：按信息载体不同分为磁条卡和芯片卡；按发行主体是否在境内分为境内卡和境外卡；按发行对象不同分为个人卡和单位卡；按账户币种不同分为人民币卡、外币卡和双币种卡。

二、银行卡相关事项

银行卡事项	具体内容
申请与挂失	申请者需携带本人有效证件（身份证或身份证复印件）到银行柜台办理有关手续，申请信用卡需要单位收入证明或个人资产证明等材料
	申请信用卡和借记卡的过程是不一样的。申请信用卡时，需要填写申请表，其中填写信息要求真实，个人身份证明、居住地证明、个人收入证明三项信息缺一不可。填写好申请表之后，要到开户行总行备案，由开户行总行对申请资料进行审核，审核通过后约20个工作日才能将卡发到客户手中。申请借记卡相对简单，只需要携带自己的有效证件（主要是身份证），到开户行填写申请表，当时就可以拿到借记卡
	各大银行的挂失手续不完全相同，如果银行卡丢失可以先使用电话或者网上银行进行临时挂失，随后带上本人身份证等证明材料去银行柜台挂失
注意事项	输入密码时注意用手遮挡，如果发现 ATM 机的密码防护罩和入卡防护槽有异常情况，为了安全起见，不要使用，同时立即告知银行
	为防范假 ATM 机，客户应尽量选择有显著标识的自助银行，在银行的监控录像下使用 ATM 机
	最好将银行卡和身份证分开存放，不要将银行卡转借他人，不要随意泄露银行卡卡号及密码
	刷卡消费时，不要让银行卡离开视线范围，留意收银员的刷卡次数。拿到签购单及卡片时，核对签购单上的金额是否正确，卡片是否为本人的卡片
	开通手机短信服务，随时掌握账户变动情况，一旦发现异常交易，马上致电银行进行挂失
	如果怀疑资金被盗，应立即拨打银行客服电话，并对银行卡账户及时进行挂失

三、 信用卡业务

信用卡是一种非现金交易付款的方式，是简单的信贷服务。信用卡由银行或信用卡公司依照用户的信用度与财力发给持卡人，持卡人持信用卡消费时无须支付现金，待账单日时再进行还款。除部分与金融卡结合的信用卡外，一般的信用卡与借记卡、提款卡不同，信用卡不会由用户的账户直接扣除资金。我们所说的信用卡，一般指贷记卡。

1. 信用卡的特点

信用卡的主要特点及优点、缺点详见下表。

信用卡	具体内容
主要特点	信用卡是当今发展最快的一项金融业务之一，它是一种可在一定范围内替代传统现金流通的电子货币
	信用卡同时具有支付和信贷两种功能。持卡人可用其购买商品或享受服务，还可通过使用信用卡从发卡机构获得一定的贷款
	信用卡是集金融业务与计算机技术于一体的高科技产物
	信用卡能减少现金货币的使用
	信用卡能提供结算服务，方便购物消费，增强安全感
	信用卡能简化收款手续，节约社会劳动力
	信用卡能促进商品销售，刺激社会需求
优点	可透支消费，并享有 20~56 天的免息期，按时还款利息分文不收
	购物时刷卡不仅安全、方便，还有积分礼品赠送
	持卡在银行的特约商户消费，可享受折扣优惠
	积累个人信用，在信用档案中增添诚信记录，终生受益
	通行全国无障碍，在有银联标识的 ATM 和 POS 机上均可取款或刷卡消费
	刷卡消费、部分信用卡取现有积分，全年多种优惠及抽奖活动
	每月免费邮寄对账单，透明掌握每笔消费支出
	特有的附属卡功能，适合夫妻共同理财，或掌握子女的财务支出
	自由选择的一卡双币形式，通行全世界，境外消费可以境内人民币还款
	400 电话或 9 字打头五位数短号 24 小时服务，挂失即时生效，失卡零风险
	拥有有效期：国内信用卡有效期一般为三年或五年
	利用第三方平台进行商务合作，为持卡人提供优惠服务

（续）

信用卡	具体内容
缺点	盲目消费
	过度消费
	利息高
	需交年费
	盗刷风险
	影响个人信用记录

2. 信用卡的申请

信用卡的申请流程与银行卡不尽相同，详见下表。

申请流程	具体内容
申请	多数情况下，具有完全民事行为能力（中国大陆地区为年满 18 周岁的公民）、有一定直接经济来源的公民，可以向发卡行申请信用卡。有时，法人也可以作为申请人
	申领信用卡的对象可以为单位和个人。申请单位可以是在我国境内具有独立法人资格的机构、企事业单位、三资企业和个体工商户。每个单位申请信用卡可根据需要领取一张主卡和多张（5～10 张）附属卡。个人申领信用卡必须具有固定的职业和稳定的收入来源，并向银行提供担保。担保的形式包括个人担保、单位担保和个人资金担保
	申请方式一般是填写信用卡申请表，申请表的内容一般包括申领人的名称、基本情况、经济状况或收入来源、担保人及其基本情况等。除此之外，还要提交相关证件复印件与证明等给发卡行
	客户递交申请表的同时还要提交有关资信证明。申请表都附带有使用信用卡的合同、申请人授权发卡行或相关部门调查其相关信息，以及提交信息真实性的声明、发卡行的隐私保护政策等，并要有申请人的亲笔签名
审查	发卡银行接到申请人递交的申请表及有关材料后，对申请人的信誉情况进行审查。审查内容主要包括申请表的内容是否属实，对于单位还要对其资信程度进行评估，对个人还要审查担保人的有关情况
	通常，银行会考察申请人多方面的资料（如申请人过去的信用记录、已知的资产、职业特性等）与经济情况，来判断是否发放信用卡给申请人
	各发卡行的标准也不尽相同，因此同样的材料在不同的银行可能会出现核发的信用额度不同，信用卡的种类不同等情况，甚至会出现有的银行审核通过，而有的银行审核不通过的情况

（续）

申请流程	具体内容
发卡	申请人申领信用卡成功后，发卡行将为持卡人在发卡银行开立单独的信用卡账户，以供购物、消费和取现后进行结算
开卡	信用卡申请通过后是通过邮寄将卡片寄出，所以并不能保证领取人就是申请人。为了使申请人和银行免遭盗刷损失，信用卡在正式启用前设置了开卡程序
开卡	开卡主要是通过电话或者网络等，核对申请时提供的相关个人信息，核对无误后即完成开卡程序。此时申请人变为卡片持有人，在卡片背面签名后即可开始使用。信用卡开卡时一般需设立密码
辨识	正面：发卡行名称及标识、信用卡别（组织标识）及全息防伪标记、卡号、英文或拼音姓名、启用日期（一般计算到月）、有效日期（一般计算到月），最新发行的卡片正面附有芯片，芯片账户与卡磁条账户为相对独立的两个账户
辨识	背面：卡片磁条、持卡人签名栏（启用后必须签名）、服务热线电话、卡号末四位号码或全部卡号（防止被冒用）、信用卡安全码（在信用卡背面的签名栏上，卡号末四位号码后面的三位数字，用于信用卡激活，密码管理，电视、电话及网络交易等）
授权	商户、银行确认信用卡有效，根据与发卡行签订的合同与银行联系请求授权
授权	授权是要进一步证实持卡人的身份可以使用的金额。授权一般在超过合同规定的使用金额时进行
授权	发卡银行收到授权通知后，根据持卡人存款账户的存款余额及银行允许透支的协议情况发出授权指令，答复是否同意进行交易
使用	信用卡通常仅限于持卡人本人使用，外借给他人使用一般是违反使用合同的
销卡	信用卡销卡前，账户余额必须清零，销卡在申请提出后的 45 天内完成销卡的全部流程

第六章
银行的汇兑与票据结算业务

上一章对存款、贷款和银行卡业务等银行常见业务进行了详细介绍，除了这三种业务外，在生活中较为常见的银行业务还有汇兑、本票和支票业务，本章将对银行的这些业务进行详细介绍。

| 汇兑业务 |

汇兑又称"汇兑结算"，是指企业（汇款人）委托银行将其款项支付给收款人的结算方式。单位和个人的各种款项的结算，均可使用汇兑结算方式。这种方式便于汇款人向异地的收款人主动付款，适用范围十分广泛。

一、汇兑的分类

汇兑根据划转款项方法的不同以及传递方式的不同可以分为信汇和电汇两种（如下图所示），由汇款人自行选择。在这两种汇兑结算方式中，信汇费用较低，但速度相对较慢；电汇速度快，但汇款人要负担较高的电报电传费用，因而通常只在紧急情况下或者金额较大时适用。另外，为了确保电报的真实性，汇出行在电报上加注双方约定的密码；而信汇不须加密码，签字即可。

1. 信汇

信汇是指汇款人向当地银行交付本国货币，由银行开具付款委托书，用航空邮寄交国外分行或代理行，办理付出外汇业务。采用信汇方式，邮程需要的时间比电汇长，银行有机会利用这笔资金，所以信汇汇率低于电汇汇率，其差额相当于邮程利息。

在进出口贸易合同中，如果规定凭商业汇票"见票即付"，则由预付行把商业汇票和各种单据用信函寄往国外收款，进口商银行见汇票后，用信汇向议付行拨付外汇，这就是信汇方式在进出口结算中的运用。进口商有时为了推迟支付贷款的时间，会在信用证中加注"单到国内，信汇付款"条款。这不仅可避免本身的资金积压，而且可在国内验单后付款，保证进口商品的质量。

（1）信汇的凭证

信汇的凭证是信汇付款委托书，其内容与电报委托书内容相同，只是汇出行在信汇委托书上没有加注密押，而以负责人签字代替。

在办理信汇时，汇出行出具由银行有权签字人员签发的银行信汇委托书，然后用信函寄往解付行，解付行凭此办理有关款项的解付手续。下图为信汇的凭证票据。

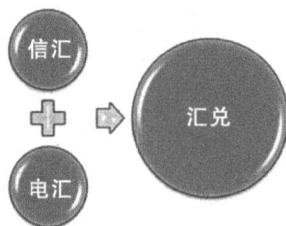

（2）信汇的操作程序

信汇的处理与电汇大致相同，与其不同的是汇出行应汇款人的申请，不用电报而以信汇委托书或支付委托书加其签章作为结算工具，邮寄给汇入行，委托后者凭以解付汇款。

后者核验签章相符后，即行解付，也以借记通知给汇出行划账。

当电汇、信汇退汇时，汇款人应提出书面申请并交回原汇款回单。汇出行应在汇款卡片上批注退汇原因和日期，此后用电报通知汇入行退汇。等到汇入行答复后，汇出行即通知汇款人办理退汇。下图为信汇的具体操作程序。

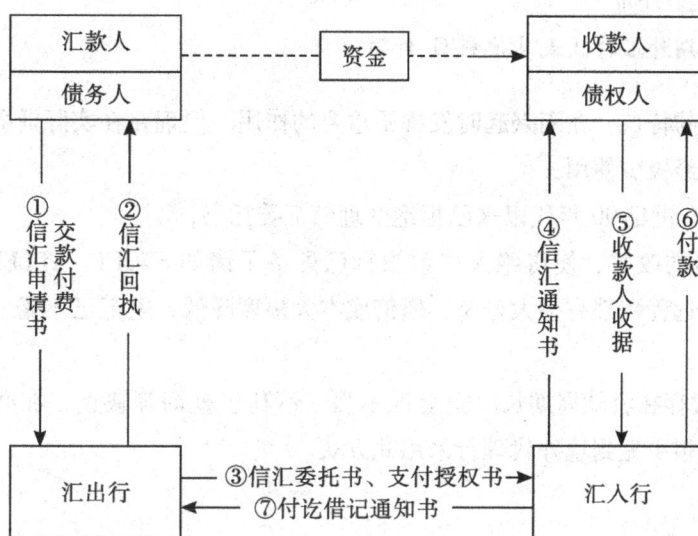

（3）信汇的核算

国外汇入行收到汇出行的汇款电报或信汇支付委托书正本时，应首先验押或验印，审核无误后填制汇款通知书，在收到汇款头寸后，通知收款人来行取款，并做会计分录。不同情况下的会计分录也不同。

第一，收到汇款头寸时，做会计分录如下：

借：存放国外同业　外币

　　贷：汇入汇款　外币

第二，汇款头寸尚未收到，但协议或合约规定可以提前解付时，做会计分录如下：

借：应解汇款　外币

　　贷：汇入汇款　外币

第三，待接到汇款头寸时，做会计分录如下：

借：存放国外同业　外币

　　贷：应解汇款　外币

第四，汇款解付时，通过外汇买卖科目办理结汇。如以人民币收入有关单位账户，做会计分录如下：

借：汇入汇款　外币

　　贷：外汇买卖 外币

借：外汇买卖 人民币

　　贷：活期存款 人民币

第五，如收款人要求原币存储，做会计分录如下：

借：汇入汇款 外币

　　贷：活期外汇存款或其他科目 外币

信汇有自己的特点，在刚兴起时发挥了重要的作用。但现在在实际业务中，由于以下几种原因信汇已经极少使用：

①　美国从20世纪90年代以来已拒绝受理信汇委托书；

②　通信工具的改善，使得绝大多数银行已配备了诸如SWIFT、TELEX一类的设备，银行的局域网、远程网都有很大普及，通信成本大幅度降低，电汇已不是一种费用高昂的汇款方式；

③　信汇方式存在收款周期长、安全性不强、不利于查询等缺点，在办理汇入汇款业务时，近年来已很少见到境外代理行采用此方式。

2. 电汇

电汇是汇款人将一定款项交存汇款银行，汇款银行通过电报或电传给目的地的分行或代理行，指示汇入行向收款人支付一定金额的一种汇款方式。

电汇是汇兑结算方式的一种，汇兑结算方式除了适用于单位之间的款项划拨外，也可用于单位对异地的个人支付有关款项，如退休工资、医药费、各种劳务费、稿酬等，还可适用个人对异地单位所支付的有关款项，如邮购商品、书刊，交大学学费等。

电汇时，由汇款人填写汇款申请书，并在申请书中注明采用电汇T/T方式。同时，将所汇款项及所需费用交汇出行，取得电汇回执。汇出行接到汇款申请书后，为防止因申请书中出现的差错而耽误或引起汇出资金的意外损失，汇出行应仔细审核申请书，有不清楚的内容与汇款人及时联系。

下图为电汇的流程图。

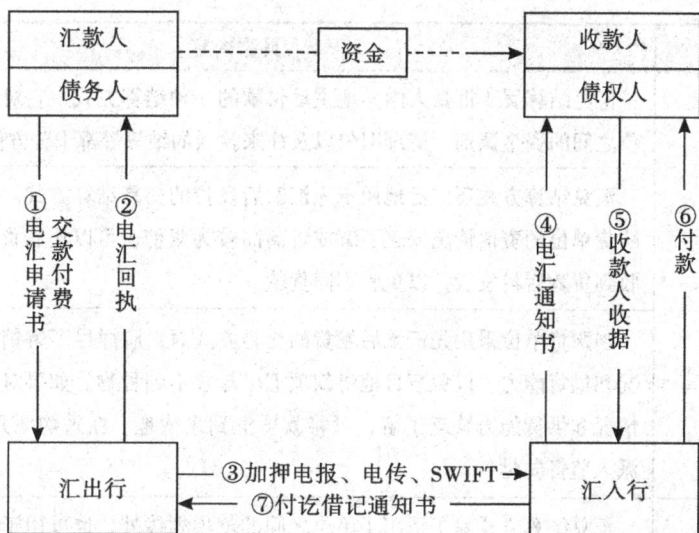

汇出行办理电汇时，根据汇款申请书的内容以电报或电传向汇入行发出解付指示。电文内容主要包括汇款金额及币种，收款人名称、地址或账号，汇款人名称、地址，附言，头寸拨付办法，汇出行名称或 SWIFT 系统地址等。为了使汇入行确认电文内容是由汇出行发出的，汇出行在正文前要加列双方银行所约定使用的密押。

汇入行收到电报或电传后，核对密押是否相符。若不符，应立即拟电文向汇出行查询；若相符，即缮制电汇通知书，通知收款人取款。收款人持通知书一式两联向汇入行取款，并在收款人收据上签章后，汇入行即凭以解付汇款。实际中，如果收款人在汇入行开有账户，汇入行往往不缮制汇款通知书，仅凭电文将款项收入收款人收户，然后给收款人收账通知单，也不需要收款人签具收据。最后，汇入行将付讫借记通知书寄给汇出行。

电汇中的电报费用由汇款人承担，银行对电汇业务一般均当天处理，不占用邮递过程的汇款资金，所以对于金额较大的汇款、通过 SWIFT 或银行间的汇划多采用电汇方式。

二、汇兑的特点

汇兑结算适用范围广，手续简便易行，灵活方便，是一种应用极为广泛的结算方式。下表为汇兑的特点。

汇兑特点	具体内容
无起点金额限制	汇兑结算，无论是信汇还是电汇，都没有金额起点的限制，不管款多款少都可使用

（续）

汇兑特点	具体内容
结算方式便利	汇兑结算属于汇款人向异地主动付款的一种结算方式，它对于异地上下级单位之间的资金调剂、清理旧欠以及往来款项的结算等都十分方便
	汇兑结算方式还广泛地用于先汇款后发货的交易结算方式。如果销货单位对购货单位的资信情况缺乏了解或者商品较为紧俏，可以让购货单位先汇款，等收到货款后再发货，以免收不回货款
	当购货单位采用先汇款后发货的交易方式时，应详尽了解销货单位的资信情况和供货能力，以免盲目地将款项汇出却收不到货物。如果对销货单位的资情情况和供货能力缺乏了解，可将款项汇到采购地，在采购地开立临时存款户，派人监督支付
用途广泛	汇兑结算方式除了适用于单位之间的款项划拨外，也可用于单位对异地的个人支付有关款项，如退休工资、医药费、各种劳务费、稿酬等，还可用于个人对异地单位所支付的有关款项，如邮购商品、书刊等
手续方便快捷	汇兑结算手续简便易行，单位或个人很容易办理

三、 汇兑业务的具体办理

在汇兑业务中，需要了解三种情况：汇款办理、转汇退汇和汇款领取（如下图所示）。

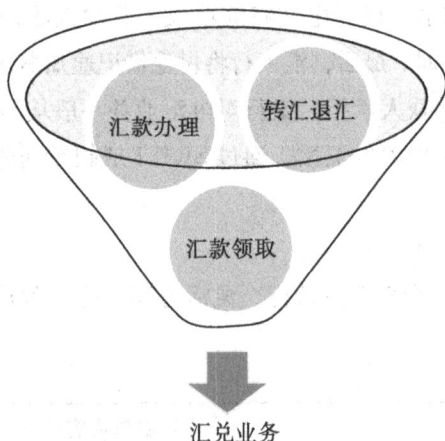

汇兑业务

1. 汇款办理

汇款人委托银行办理汇兑，应向汇出银行填写信、电汇凭证，详细填明汇入地点、汇入银行名称、收款人名称、汇款金额、汇款用途等各项内容，并在信、电汇凭证第二联上加盖预留银行印鉴。汇款办理的具体内容如下表所示。

汇款办理	具体内容
注意事项	汇款单位需要派人到汇入银行领取汇款的，除在"收款人"栏写明取款人的姓名外，还应在"账号或住址"栏内注明"留行待取"字样。留行待取的汇款需要指定具体收款人领取汇款的，应注明收款人的单位名称
	个体经济户和个人需要在汇入银行支取现金的，应在信、电汇凭证上的"汇款金额"大写栏上先填写"现金"字样，接着再紧靠其后填写汇款金额（大写）
	汇款人确定不得转汇的，应在"备注"栏内注明
	汇款需要收款单位凭印鉴支取的，应在信汇凭证第四联上加盖收款单位预留银行印鉴
汇兑凭证	采用信汇的，汇款单位出纳员应填制一式四联"信汇凭证"
	"信汇凭证"第一联（回单）是汇出行受理信汇凭证后给汇款人的回单；第二联（支款凭证）是汇款人委托开户银行办理情汇时转账付款的支付凭证；第三联（收款凭证）是汇入行将款项收入收款人账户后的收款凭证；第四联（收账通知或取款收据）是在直接记入收款人账户后通知收款人的收款通知，或不直接记入收款人账户时收款人凭以领取款项的取款收据
	"电汇凭证"一式三联，第一联（回单）是汇出行给汇款人的回单；第二联（支款凭证）为汇出行办理转账付款的支款凭证；第三联（发电依据）是汇出行向汇入行拍发电报的凭据
审查	汇出行受理汇款人的信、电汇凭证后，应按规定进行审查。审查的内容包括：信、电汇凭证填写的各项内容是否齐全、正确；汇款人账户内是否有足够支付的存款余额；汇款人盖的印章是否与预留银行印鉴相符等
	审查无误后即可办理汇款手续，在第一联回单上加盖"转讫"章退给汇款单位，并按规定收取手续费；不符条件的，汇出银行不予办理汇出手续，作退票处理
记账凭证	汇款单位根据银行退回的信、电汇凭证第一联，根据不同情况编制记账凭证
	如果汇款单位用汇款清理旧欠，则应编制银行存款付款凭证，其会计分录为： 借：应付账款——××单位 　　贷：银行存款
	如果汇款单位是为购买对方单位产品而预付货款，则应编制银行存款付款凭证，其会计分录为： 借：预付账款 　　贷：银行存款

（续）

汇款办理	具体内容
记账凭证	如果汇款单位将款项汇往采购地，在采购地银行开立临时存款户，则应编制银行存款付款凭证，其会计分录为： 　　借：其他货币资金——外埠存款 　　　贷：银行存款
	例：大圣公司为到某城市采购商品，委托银行以电汇方式向该城市某银行汇款86 000元，设立临时采购专户。银行按规定收取手续费35元，从账户中扣收。财务部门根据银行盖章退回的汇款凭证第一联编制银行存款付款凭证，其会计分录为： 　　借：其他货币资金——外埠存款　　　86 000 　　　贷：银行存款　　　　　　　　　　86 000 同时，按照银行收取的手续费编制银行存款付款凭证，其会计分录为： 　　借：财务费用　　　　　　　　　　　35 　　　贷：银行存款　　　　　　　　　　35

2. 转汇退汇

汇兑业务有时会因为某种原因而没有进行下去，这时候有两种处理办法：转汇办理和退汇办理。

（1）转汇办理

汇款人因汇入地没有所需商品等原因需要转汇时，可以携带取款通知和有关证件，请求汇入银行重新办理信、电汇手续，将款项汇往其他地方。按照规定，转汇的收款人和汇款用途必须是原汇款的收款人和汇款用途。汇入银行办理转汇手续，在汇款凭证上加盖"转汇"戳记。第三联信汇凭证备注栏注明"不得转汇"的，汇入银行不予办理转汇。

（2）退汇办理

汇款人因故对汇出的款项要求退汇的，如果汇款是直接汇给收款单位的存款账户入账，退汇由汇出单位自行联系，银行不予介入。如果汇款不是直接汇往收款单位存款账户入账，由汇款单位备公函或持本人身份证件连同原信、电汇凭证回单交汇出行申请退汇，由汇出银行通知汇入银行，经汇入银行查实汇款确未解付，方可办理退汇；如果汇入银行接到退汇通知前汇款已经解付收款人账户或被支取，则由汇款人与收款人自行联系退款手续。如果汇款被收款单位拒绝接受，由汇入银行立即办理退汇。

汇款超过两个月、收款人尚未去汇入银行办理取款手续或在规定期限内汇入银行已寄出通知但由于收款人地址迁移或其他原因致使该笔汇款无人受领时，汇入银行主动办理退汇。汇款单位收到汇出银行寄发的注有"汇款退回已代进账"字样的退汇通知书第四联

（适用于汇款人申请退汇）或者由汇入银行加盖"退汇"字样、汇出银行加盖"转讫"章的特种转账贷方凭证（适用于银行主动退汇）后，即表明汇款已退回本单位账户，财务部门即可据此编制银行存款收款凭证，其会计分录则与汇出时银行存款付款凭证会计分录相反。

3. 汇款领取

按照规定，汇入银行对开立账户的收款单位的款项应直接转入收款单位的账户。采用信汇方式的，收款单位开户银行（即汇入银行）在信汇凭证第四联上加盖"转讫"章后交给收款单位，表示汇款已由开户银行代为进账。采用电汇方式的，收款单位开户银行根据汇出行发来的电报编制三联联行电报划收款补充报单，在第三联上加盖"转讫"章作收账通知交给收款单位，表明银行已代为进账。汇款领取的具体内容如下表所示。

汇款领取	具体内容
收款凭证	收款单位根据银行转来的信汇凭证第四联（信汇）或联行电报划收款补充报单（电汇）编制银行存款收款凭证，借记"银行存款"账户，贷记有关账户（依据汇款的性质而定）
	如对方汇款是用来偿付旧欠，则收款单位收款凭证的会计分录为： 借：银行存款 　　贷：应收账款
	如果属于对方单位为购买本单位产品而预付的货款，则收款凭证的会计分录为： 借：银行存款 　　贷：预收账款
	待实际发货时，再根据有关原始凭证编制转账凭证，其会计分录为： 借：预收货款 　　贷：主营业务收入
	如果款到即发货，也可直接编制收款凭证，其会计分录为： 借：银行存款 　　贷：产品销售收入（或商品销售收入等）
注意事项	需要在汇入银行支取现金的，信汇（或电汇）凭证上"汇款金额"栏内必须注明"现金"字样，可以由收款人填制一联支款单连同信汇凭证第四联（或联行申报划收款补充报单第三联），并携带有关身份证件到汇入银行取款。汇入银行审核有关证件后一次性办理现金支付手续。在汇款凭证上未填明"现金"字样，需要在汇入银行支取现金的单位，由汇入银行按照现金管理的规定支付

（续）

汇款领取	具体内容
注意事项	对于留行待取的汇款，收款人应随身携带身份证件或汇入地有关单位足以证实收款人身份的证明去汇入银行办理取款。汇入银行向收款人问明情况，与信、电汇凭证进行核对，并将证件名称、号码和发证单位名称等批注在信、电汇凭证空白处，并由收款人在"收款人盖章"处签名或盖章，然后办理付款手续。如果凭印鉴支取，收款人所盖印章必须同预留印鉴相同
	收款人需要在汇入地分次支取汇款的，可以由收款人在汇入银行开立临时存款户，将汇款暂时存入该账户，分次支取。临时存款账户只取不存，付完清户，不计付利息

㈣、 汇兑流程实例

下面以中国邮政储蓄银行的电子汇兑为例，详细介绍具体的汇兑流程。

汇兑流程		具体内容
选择汇款方式	按收款人地址汇款的叫按址汇款	这种汇款方式需要汇款人写清收款人的具体地址、收款人姓名、汇款金额和收款人所在地的邮编。收款人的姓名要和其身份证上的姓名相符，否则无法兑付
		这种汇款方式是四种里最慢的，但办完手续即可到达收款人所在当地邮局。慢主要是收款人所在当地邮局传送慢，其打印出的取款通知单最迟要一周方可传送到收款人手中
		汇费按照汇款金额的1/100收取，最低2元，最高50元。超过1万元的汇款必须带本人身份证办理
选择汇款方式	按收款人在邮储银行开立的账户账号汇款的叫入账汇款	这种汇款方式需要汇款人写清楚收款人的账号、姓名和汇款金额。账号一定要是邮储银行开立的账号，姓名一定要和账户上的姓名一致，不一致的话无法汇出，实时到账
		汇费相对便宜，按汇款金额的5/1 000收取，最低2元，最高50元。超过1万元的汇款必须带本人身份证办理

（续）

汇兑流程		具体内容
选择汇款方式	按自己设置的密码汇款的叫密码汇款	这种汇款方式需要汇款人写清楚汇款的金额、收款人的姓名和收款人所在地的邮编
		收款人的姓名一定要写身份证上的姓名，收款人的地址可写可不写，但是收款人所在地的邮编一定要写对，因为收款人会按照汇票号码（需要汇款人告诉收款人）、汇款人设定的密码（需要汇款人告诉收款人）、收款人的身份证件去邮政编码所划定的范围内的邮局兑付网点兑付
		这种汇款方式比较简单，也比较快。汇款人办完汇款手续，收款人即可去兑付汇款
		按汇款金额的1/100收取汇费，最低2元，最高50元。超过1万元的汇款必须带本人身份证办理
	按某公司或企业单位指定的商务汇号汇款	商务汇款必须写清楚商务汇款的汇款号码、汇款金额。收款人不是信用卡还款的必须写清楚，信用卡还款的根据情况可以不填，但是附言上必须写对卡号，这是保证还款的唯一途径
		商务汇款汇费一般很低，部分信用卡还款有时没有汇费。这也是实时到账的一种汇款方式。超过1万元的汇款必须带本人身份证件办理，信用卡还款的必须带信用卡办理
填写汇款单		汇款单分两部分，最左边有注明，两大部分从上到下分别是机器打印部分和客户填写部分
		汇款人只需要填写客户填写部分的信息，包括收款人信息和汇款人本人的信息
付款		包括汇款和汇费。注意：附言部分在六个字之内不收费，两个数字按一个字算，超过六个字的附言，每多加一个字按一角钱收费

本票业务

银行本票是申请人将款项交存银行，由银行签发的承诺自己在见票时无条件支付确定的金额给收款人或者持票人的票据。下图为一张空白的本票单。

规格：8cm×17cm（专用水印纸蓝油墨）

银行本票按照其金额是否固定可分为不定额和定额两种。不定额银行本票是指凭证上金额栏是空白的，签发时根据实际需要填写金额（起点金额为 5 000 元），并用压数机压印金额的银行本票；定额银行本票是指凭证上预先印有固定面额的银行本票。

一、 本票业务简介

本票业务的基本情况如下表所示。

项目	具体内容
定义	银行本票是银行签发的，承诺自己在见票时无条件支付确定的金额给收款人或者持票人的票据
业务特点	银行本票，见票即付，当场抵用，付款保证程度高
适用范围	同一票据交换区域内
适用对象	单位和个人各种款项的结算
使用提示	银行本票可以用于转账，填明"现金"字样的银行本票也可以用于支取现金，现金银行本票的申请人和收款人均为个人
	银行本票可以背书转让，填明"现金"字样的银行本票不能背书转让
	银行本票的提示付款期限自出票日起两个月
	未在银行开立存款账户的个人持票人，持注明"现金"字样的银行本票向出票银行支取现金时，应在银行本票背面签章，记载本人身份证件名称、号码及发证机关
	银行本票丧失，失票人可以凭人民法院出具的享有票据权利的证明，向出票银行请求付款或退款

二、 本票的特点

与其他银行结算方式相比，银行本票结算具有如下特点。

本票的特点	具体内容
使用方便	我国现行的银行本票使用方便、灵活。单位、个体经济户和个人不管是否在银行开户，他们之间在同城范围内的所有商品交易、劳务供应以及其他款项的结算都可以使用银行本票。收款单位和个人持银行本票可以办理转账结算，也可以支取现金，同样也可以背书转让。银行本票见票即付，结算迅速
信誉度高，支付能力强	银行本票由银行签发，并于指定到期日由签发银行无条件支付，因而信誉度很高，一般不存在得不到正常支付的问题。其中，定额银行本票由中国人民银行发行，各大国有商业银行代理签发，不存在票款得不到兑付的问题；不定额银行本票由各大国有商业银行签发，由于其资金力量雄厚，因而一般也不存在票款得不到兑付的问题

三、 本票业务的流程

银行本票的业务流程并不复杂，简单说来就是"三步走"——申请、受理、交付。

首先是申请。申请人使用银行本票，应向银行填写"银行本票申请书"。申请人或收款人为单位的，不得申请签发现金银行本票。下图为本票的一个空白申请书。

银行本票申请书（存　根）　　①　NO: 000375													
申请日期　　　年　月　日													
申请人		收款人											此联申请人留存
账　号或住址		账　号或住址											
用　途		代　理付款行											
款项金额	人民币（大写）	亿	千	百	十	万	千	百	十	元	角	分	
备注：		科目_____对方科目_____财务主管　　复核　　经办											

其次是受理。出票银行受理"银行本票申请书"，收妥款项，签发银行本票。签发银行本票必须记载的事项包括标明"银行本票"的字样、无条件支付的承诺、确定的金额、收款人名称、出票日期、出票人签章。欠缺记载上列事项之一的，银行本票无效。

最后是交付。申请人应将银行本票交付给本票上记明的收款人，收款人可以将银行本票背书转让给被背书人。

下图为本票操作的具体流程。

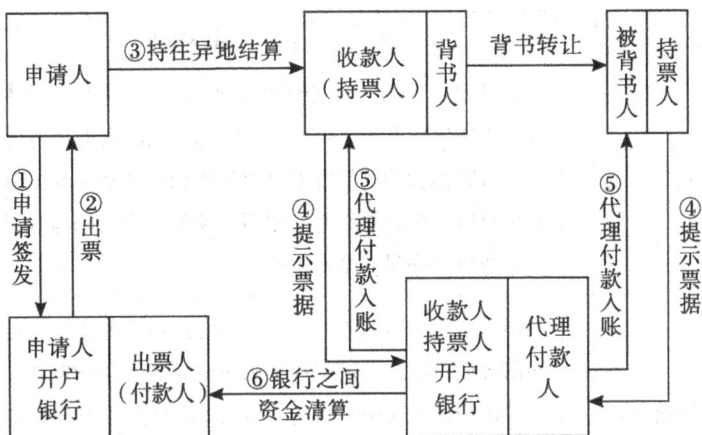

⑭、 **本票业务的注意事项**

银行本票的出票人为经中国人民银行当地分支行批准办理银行本票业务的银行机构。办理本票业务时的注意事项详见下表。

注意事项	具体内容
签发银行本票必须注意的事项	应记载以下内容：第一，标明"银行本票"的字样；第二，无条件支付的承诺；第三，确定的金额；第四，收款人名称；第五，出票日期；第六，出票人签章。欠缺记载上列事项之一的，银行本票无效
	定额银行本票面额为 1 000 元、5 000 元、10 000 元和 50 000 元
	银行本票的提示付款期限自出票日起最长不得超过两个月。持票人超过付款期限提示付款的，代理付款人不予受理
	申请人使用银行本票，应向银行填写"银行本票申请书"，填明收款人名称、申请人名称、支付金额、申请日期等事项并签章。申请人和收款人均为个人需要支取现金的，应在支付金额栏先填写"现金"字样，后填写支付金额
	申请人或收款人为单位的，不得申请签发现金银行本票

（续）

注意事项	具体内容
签发银行本票必须注意的事项	出票银行受理银行本票申请书，收妥款项，签发银行本票。用于转账的，在银行本票上划去"现金"字样；申请人和收款人均为个人需要支取现金的，在银行本票上划去"转账"字样。不定额银行本票用压数机压印出票金额。出票银行在银行本票上签章后交给申请人
	申请人或收款人为单位的，银行不得为其签发现金银行本票。申请人应将银行本票交付给本票上记明的收款人
收款人受理银行本票时应审查的事项	收款人是否确为本单位或本人
	银行本票是否在提示付款期限内
	必须记载的事项是否齐全
	出票人签章是否符合规定
	出票金额、出票日期、收款人名称是否更改，更改的其他记载事项是否由原记载人签章证明
被背书人受理银行本票时应审查的事项	背书是否连续，背书人签章是否符合规定，背书使用粘单的是否按规定签章
	背书人为个人的身份证件
银行本票使用中须注意的内容	银行本票见票即付
	申请人或收款人为单位的，不得申请签发现金银行本票
	申请人因银行本票超过提示付款期限或其他原因要求退款时，应将银行本票提交到出票银行，申请人为单位的应出具该单位的证明；申请人为个人的，应出具本人的身份证件

五、本票业务的基本规定

一、单位和个人在同一票据交换区域需要支付各种款项时，均可以使用银行本票。

二、银行本票可以用于转账，注明"现金"字样的银行本票可以用于支取现金。

三、银行本票可分为定额本票和不定额本票两种，定额本票的面额分为 1 000 元、5 000 元、10 000 元和 50 000 元四种。

四、银行本票的出票人为经中国人民银行当地分支行批准办理银行本票业务的银行机构。

五、签发银行本票必须记载下列事项：

（一）标明"银行本票"的字样；

（二）无条件支付的承诺；

（三）确定的金额；

（四）收款人名称；

（五）出票日期；

（六）出票人签章。

欠缺记载上列事项之一的，银行本票无效。

六、银行本票的提示付款期限自出票日起最长不得超过两个月。持票人超过付款期限提示付款的，代理付款人不予受理。银行本票的代理付款人是代理出票银行审核支付银行本票款项的银行。

七、申请人使用银行本票，应向银行填写"银行本票申请书"，填明收款人名称、申请人名称、支付金额、申请日期等事项并签章。申请人和收款人均为个人需要支取现金的，应在"支付金额"栏先填写"现金"字样，后填写支付金额。申请人或收款人为单位的，不得申请签发现金银行本票。

八、出票银行受理银行本票申请书，收妥款项，签发银行本票。用于转账的，在银行本票上划去"现金"字样；申请人和收款人均为个人需要支取现金的，在银行本票上划去"转账"字样。不定额银行本票用压数机压印出票金额。出票银行在银行本票上签章后交给申请人。申请人或收款人为单位的，银行不得为其签发现金银行本票。

九、申请人应将银行本票交付给本票上记明的收款人。收款人受理银行本票时，应审查下列事项：

（一）收款人是否确为本单位或个人；

（二）银行本票是否在提示付款期限内；

（三）必须记载的事项是否齐全；

（四）出票人签章是否符合规定，不定额银行本票是否有压数机压印的出票金额，并与大写出票金额一致；

（五）出票金额、出票日期、收款人名称是否更改，更改的其他记载事项是否由原记载人签章证明。

十、收款人可以将银行本票背书转让给被背书人。被背书人受理银行本票时，除按照上述规定审查外，还应审查下列事项：

（一）背书是否连续，背书人签章是否符合规定，背书使用粘单的是否按规定签章；

（二）背书人为个人的身份证件。

十一、银行本票见票即付。跨系统银行本票的兑付，持票人开户银行可根据中国人民银行规定的金融机构同业往来利率向出票银行收取利息。

十二、在银行开立存款账户的持票人向开户银行提示付款时，应在银行本票背面"持票人向银行提示付款签章"处签章，签章必须与预留银行签章相同，并将银行本票、进账单送交开户银行。银行审查无误后办理转账。

十三、未在银行开立存款账户的个人持票人，凭注明"现金"字样的银行本票向出票银行支取现金的，应在银行本票背面签章，记载本人身份证件名称、号码及发证机关，并交验本人身份证件及其复印件。持票人对注明"现金"字样的银行本票需要委托他人向出票银行提示付款的，应在银行本票背面"持票人向银行提示付款签章"处签章，记载"委托收款"字样、被委托人姓名和背书日期以及委托人身份证件名称、号码、发证机关。被委托人向出票银行提示付款时，也应在银行本票背面"持票人向银行提示付款签章"处签章，记载证件名称、号码及发证机关，并同时交验委托人和被委托人的身份证件及其复印件。

十四、持票人超过提示付款期限不能获得付款的，在票据权利时效内向出票银行做出说明，并提供本人身份证件或单位证明，可持银行本票向出票银行请求付款。

十五、申请人因银行本票超过提示付款期限或其他原因要求退款时，应将银行本票提交到出票银行，申请人为单位的，应出具该单位的证明；申请人为个人的，应出具本人的身份证件。出票银行对于在本行开立存款账户的申请人，只能将款项转入原申请人账户；对于现金银行本票和未在本行开立存款账户的申请人，才能退付现金。

十六、银行本票丧失，失票人可以凭人民法院出具的其享有票据权利的证明，向出票银行请求付款或退款。

六、 本票与汇票的区别

本票与汇票的主要区别如下表所示。

区别	具体内容
证券性质和 当事人个数不同	银行汇票为委付证券，银行本票为自付证券。银行本票是出票人自己付款的承诺，银行汇票是出票人要求他人付款的委托或指示。因此，银行汇票有三个当事人，即出票人、付款人与收款人；而银行本票只有两个当事人，即出票人（同时也是付款人）与收款人
主债务人不同	银行汇票为委付证券，经过承兑后，主债务人为承兑人，出票人则居于从债务人的地位；银行本票为自付证券，出票人始终居于主债务人的地位，自负到期偿付的义务，不必办理承兑手续

(续)

区别	具体内容
有无承兑不同	银行本票无需承兑，银行汇票除见票即付的汇票外均可以或应当请求承兑；见票后定期付款的本票也无需承兑，而应当见票，见票后定期付款的汇票必须请求承兑，以确定汇票的到期日
有无资金关系不同	在票据的基础关系中，由于汇票为委付证券，所以一般都必须有资金关系；银行本票为自付证券，一般都不需要有资金关系
出票人和背书人责任不同	银行汇票的出票人应负担保承兑和担保付款的责任，银行本票的出票人应负绝对付款责任；银行汇票的背书人也应负承兑和付款的担保责任，银行本票的背书人仅负付款的担保责任
付款人的责任不同	银行汇票的付款人不在承兑时，可以不负任何票据责任，只有经承兑而成为承兑人后，才负付款责任；银行本票的出票人即为付款人，自出票之后即应负绝对付款责任
票据种类不同	在我国现行《票据法》中，本票仅指银行本票，而汇票包括银行汇票和商业汇票两种
付款方式不同	银行本票仅限于见票即付，而银行汇票可以见票即付、定日付款、出票后定期付款、见票后不定期付款
付款期限不同	银行本票的付款期限自出票日起不得超过两个月，而银行汇票的付款期限无此特别限制
金额固定与否不同	银行本票的金额是固定的，而银行汇票的金额不固定

| 支票业务 |

银行支票是银行的存款人签发给收款人办理结算或委托开户银行将款项支付给收款人的票据，适用于同城各单位之间的商品交易、劳务供应及其他款项的结算。

一、 银行支票的分类

银行支票是银行签发的，承诺自己在见票时无条件支付确定的金额给收款人或持票人的票据。银行支票分为现金支票、转账支票和普通支票（如下图所示）。

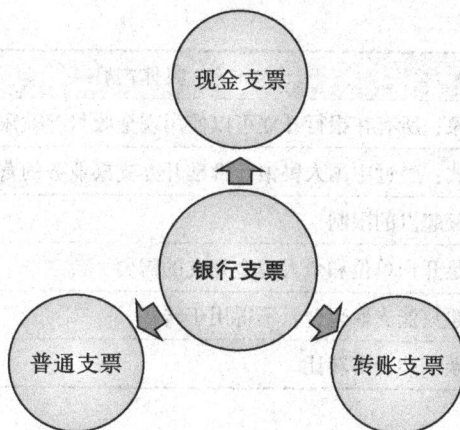

1. 现金支票

现金支票是专门制作的用于支取现金的一种支票。当客户需要使用现金时，随时签发现金支票，向开户银行提取现金，银行在见票时无条件支付给收款人确定金额的现金。

（1）现金支票简介

现金支票用于支取现金，可以由存款人签发用于到银行为本单位提取现金，也可以签发给其他单位和个人用来办理结算或者委托银行代为支付现金给收款人。其具体内容如下表所示。

项目	具体内容
内容	付款单位的账号和开户银行
	收款单位的名称
	款项金额
	款项用途
	签发日期
	付款单位签章
	背书及背书日期
功能用途	在银行开立基本存款账户或临时存款账户的客户，需要支用工资、差旅费、备用金等均可以使用现金支票，向开户银行提取现金
	在银行开立可以使用现金收付存款账户的单位和个人，对符合《银行账户管理办法》和《现金管理条例》规定的各种款项，均可以使用现金支票，委托开户银行支付现金
	现金支票只能用于支取现金，只能在出票人开户银行支取现金，现金支票是一种最基本的支付结算业务品种

（续）

项目	具体内容
服务性质	服务对象：所有在银行开立可以使用现金收付存款账户的单位和个人
	服务方式：经过中国人民银行批准开办支票业务的营业网点均可办理
特点	没有金额起点的限制
	能够满足开户单位和个人现金开支的需要
	现金支票只能支取现金，不得用于转账
	现金支票不能背书转让

（2）现金支票的办理

现金支票的办理流程、签发办理和注意事项如下表所示。

项目	具体内容
办理流程	出票：客户根据本单位的情况签发现金支票，加盖预留银行印鉴
	提示付款：收款人持现金支票到出票人开户行提示付款，收款人提示付款时应在现金支票背面"收款人签章"处签章，持票人为个人的还需交验本人身份证件，并在现金支票背面注明证件名称、号码及发证机关
	领取现金
	挂失止付：现金支票丧失，失票人需要挂失止付的，应填写挂失止付通知书并签章，挂失止付通知书由银行提供，同时按标准交费
签发办理	购买支票：客户现金支票使用完毕后，应在现金支票领用单上加盖预留银行印鉴，同时按标准交费，领取空白现金支票
	客户签发票据应按照《支付结算办法》与《正确填写票据和结算凭证的基本规定》记载。签发现金支票时，应用钢笔或黑色碳素笔按排定的页次顺序填写
	签发现金支票时，出票人必须查验银行存款是否有足够的余额，出票人所签发的支票金额必须在银行存款账户余额以内，不准超出银行存款账户余额签发空头支票。对签发空头支票或印章与预留印鉴不符的支票，银行除退票外还要按票面金额处以5%但不低于1 000元的罚款。持票人有权要求出票人赔偿支票金额2%的赔偿金。对屡次签发空头支票或印章与预留印章不符的，银行可根据情节给予警告、通报批评，直至停止其向收款人签发支票
	"出票人签章"栏应加盖预留银行印鉴，缺漏印章或印鉴不符时银行予以退票，并按票面金额处以5%但不低于1 000元的罚款

（续）

项目	具体内容
签发办理	要严格执行支票有效期限的规定。支票付款的有效期为 10 天（中国人民银行另有规定的除外）。有效期限从签发支票的次日算起，到期日如遇节假日顺延。过期支票作废，银行不予受理。签发支票必须填写当日日期，不得签发远期支票
	现金支票提示付款期限为 10 天，超过提示付款期限的，付款人可以不予付款
注意事项	客户应在其存款账户的余额内签发支票。如透支银行予以退票，并按票面金额处以 5% 但不低于 1 000 元的罚款
	现金支票提示付款期限为 10 天，若客户开出的现金支票超过付款期，开户银行不能受理；现金支票的权力时效为自出票日起六个月
	客户结清销户时，应将未用空白支票缴还银行
	现金支票仅限于收款人向付款人（出票人开户行）提示付款

2. 转账支票

转账支票是出票人签发的，委托办理支票存款业务的银行在见票时无条件支付确定的金额给收款人或持票人的票据。在银行开立存款账户的单位和个人客户，用于同城交易的各种款项，均可签发转账支票，委托开户银行办理付款手续。转账支票只能用于转账。

（1）转账支票简介

转账支票作为支票的一种重要的形式，为人们的生活提供诸多便利，其主要用途、产品特点和服务对象详见下表。

项目	具体内容
主要用途	当客户不用现金支付收款人的款项时，可签发转账支票，自己到开户银行或将转账支票交给收款人到开户银行办理支付款项手续。转账支票只能用于转账，不能用于提取现金。转账支票是一种最基本的同城支付结算业务品种，只能用于本地
产品特点	无金额起点的限制
	转账支票只能用于转账，不得支取现金
	转账支票可以背书转让给其他债权人
	客户签发的转账支票可直接交给收款人，由收款人到其开户银行办理转账
	转账支票的收款人名称、金额可以由出票人授权补记，未补记的不得背书转让和提示付款
服务对象	所有在银行开立存款账户的单位和个人，经过中国人民银行批准开办支票业务的营业网点均可办理

（2）转账支票的办理

转账支票的办理与现金支票有所不同，具体内容见下表。

项目	具体内容
办理流程	出票：客户根据本单位的情况，签发转账支票，并加盖预留银行印鉴
	交付票据：出票客户将票据交给收款人（也可直接到开户银行办理付款手续）
	票据流通使用：收款人或持票人根据交易需要，将转账支票背书转让
办理流程	委托收款或提示付款：收款人或持票人持转账支票委托自己的开户银行收款或到出票人开户行提示付款。收款人提示付款时，应做成委托收款背书，在转账支票背面"背书人签章"处签章，注明委托收款字样
	挂失止付：转账支票丧失，失票人需要挂失止付的，应填写挂失止付通知书并签章，挂失止付通知书由银行提供，同时按标准交费
主要事项	购买支票：客户转账支票使用完毕后，应在转账支票领用单上加盖预留银行印鉴，同时按标准交费，领取空白转账支票
	客户应在其存款账户的余额内签发支票。如透支银行予以退票，并按票面金额处以5%但不低于1 000元的罚款
	"出票人签章"栏应加盖预留银行印鉴，缺漏印章或印鉴不符时，银行予以退票，并按票面金额处以5%但不低于1 000元的罚款
	客户签发票据应按照《支付结算办法》与《正确填写票据和结算凭证的基本规定》记载
	转账支票提示付款期限为10天，超过付款期的支票，银行不予受理；转账支票的权力时效为自出票日起六个月，在票据开出六个月内，收款人可持有关证明文件，向付款人请求付款
	客户结清销户时，应将未用空白支票缴还银行
	支票的收款人、金额、日期不得涂改
审查内容	支票填写是否清晰，是否用墨汁或碳素墨水填写
	支票的各项内容是否填写齐全，是否在签发单位盖章处加盖单位印鉴，大小写金额和收款人有无涂改，其他内容如有改动是否加盖了预留银行印鉴
	支票收款单位是否为本单位
	支票大小写金额填写是否正确，两者是否相符
	支票是否在付款期内

二、 支票业务简介

支票业务的基本情况详见下表。

项目	具体内容
适用范围	单位和个人在同一票据交换区域需要支付各种款项，均可以使用银行支票
用途	银行支票可以用于转账，注明"现金"字样的银行支票可以用于支取现金
	备用金 工资 奖金或补贴 差旅费 农产品收购款 与个人之间的其他用途
	"工资"和"农产品收购款"可以领取比较大额的现金
	提取 5 万元以上的现金，需要提前预约，并携带身份证；提取 20 万元以上现金时，除了需要提前预约和携带身份证，还应该填单备案。写明"工资"的，个别银行会要求提供工资表
期限	由于支票是代替现金的即期支付工具，所以有效期较短。中国《票据法》规定：支票的持票人应当自出票日起 10 天内提示付款；异地使用的支票，其提示付款的期限由中国人民银行另行规定。超过提示付款期限的，付款人可以不予付款。银行支票的提示付款期限自出票日起最长不得超过两个月

三、 银行支票的填写

填写银行支票时的注意事项详见下表。

项目	注意事项
出票日期	数字必须大写，数字大写写法：零、壹、贰、叁、肆、伍、陆、柒、捌、玖、拾
	举例： 2005 年 8 月 5 日：贰零零伍年捌月零伍日 捌月前的零字可写也可不写，伍日前的零字必写 2006 年 2 月 13 日：贰零零陆年零贰月壹拾叁日

（续）

项目	注意事项
出票日期	壹月、贰月前的零字必写，叁月至玖月前的零字可写可不写。拾月至拾贰月必须写成壹拾月、壹拾壹月、壹拾贰月（前面多写了"零"字也认可，如零壹拾月）
	壹日至玖日前的零字必写，拾日至拾玖日必须写成壹拾日及壹拾×日（前面多写了"零"字也认可，如零壹拾伍日，下同），贰拾日至贰拾玖日必须写成贰拾日及贰拾×日，叁拾日至叁拾壹日必须写成叁拾日及叁拾壹日
收款人	现金支票收款人可写本单位名称，此时现金支票背面"被背书人"栏内加盖本单位的财务专用章和法人章，之后收款人可凭现金支票直接到开户银行提取现金
	现金支票收款人可写收款人个人姓名，此时现金支票背面不盖任何章，收款人在现金支票背面填上身份证号码和发证机关名称，凭身份证和现金支票签字领款
	转账支票收款人应填写对方单位名称。转账支票背面本单位不盖章。收款单位取得转账支票后，在支票背面被背书栏内加盖收款单位的财务专用章和法人章，填写好银行进账单后连同该支票交给收款单位的开户银行委托银行收款
名称账号	即为本单位开户银行名称及银行账号，账号须小写
人民币	数字大写写法：零、壹、贰、叁、肆、伍、陆、柒、捌、玖、拾、佰、仟、万、亿 举例： （1）289 546.52：贰拾捌万玖仟伍佰肆拾陆元伍角贰分 （2）7 560.31：柒仟伍佰陆拾元零叁角壹分 此时"陆拾元零叁角壹分"中的"零"字可写可不写 （3）532.00：伍佰叁拾贰元整 "正"写为"整"字也可以，不能写为"零角零分" （4）425.03：肆佰贰拾伍元零叁分 （5）325.20：叁佰贰拾伍元贰角 "角"字后面可加"正"字，但不能写"零分"
	最高金额的前一位空白格用"￥"字头打掉，数字填写要求完整清楚
用途	现金支票有一定限制，一般填写"备用金""差旅费""工资""劳务费"等。转账支票没有具体规定，可填写"货款""代理费"等
盖章	支票正面盖财务专用章和法人章，缺一不可，印泥为红色，印章必须清晰，印章模糊只能将本张支票作废，换一张重新填写重新盖章

(续)

项目	注意事项
常识	支票正面不能有涂改痕迹,否则本支票作废
	受票人如果发现支票填写不全,可以补记,但不能涂改
	支票的有效期为 10 天,到期日如遇节假日则顺延
	支票见票即付,不记名。支票丢失,银行不承担责任,若现金支票一般要素填写齐全且未被冒领,在开户银行挂失;若转账支票一般要素填写齐全,在开户银行挂失,假如要素填写不齐全,到票据交换中心挂失
	若出票单位现金支票背面印章盖得模糊,可把模糊印章打叉,重新再盖一次
	若收款单位转账支票背面印章盖得模糊,此时票据法规定不能以重新盖章的方法来补救,收款单位可带转账支票及银行进账单到出票单位的开户银行去办理收款手续,不用到出票单位重新开支票

四、银行支票的操作流程

客户申请使用银行支票,需向银行填写"银行支票申请书",填明收款人名称、申请人名称、支付金额、申请日期等事项并签章。申请人和收款人均为个人的,在需要支取现金时,方可申请签发现金银行支票,填写时应在"支付金额"栏先填写"现金"字样,后填写支付金额。银行受理银行本票申请书,经审核无误收妥款项后,签发银行支票。

下图为支付的流程。

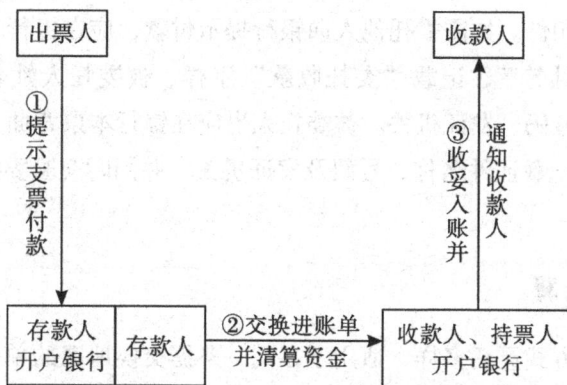

```
  出票人                               收款人
    │                                   ↑
    │①提示支票付款                      │③通知收款人收妥入账并
    ↓                                   │
 存款人开户银行  存款人  ②交换进账单    收款人、持票人
                        并清算资金 →    开户银行
```

客户作为收款人受理银行支票时,应注意审核下列事项:第一,收款人是否确为本单位或本人;第二,银行支票是否在提示付款期限内;第三,必须记载的事项是否齐全;第四,出票人签章是否符合规定,不定额银行本票是否由压数机压印出票金额,且大小写一

致；第五，出票金额、出票日期、收款人名称是否更改，更改的其他记载事项是否由原记载人签章证明。

如果客户是被背书人受理银行本票，除了审查上述内容外，还应审查下列事项：第一，背书是否连续，背书人签章是否符合规定，背书使用粘单是否按规定签章；第二，背书人个人的身份证件。

如果客户取得银行本票，并在银行开立存款账户向银行提示付款，应在银行本票背面"持票人向银行提示付款签章"处签章，签章须与预留银行印鉴相同，并将银行本票、进账单送交银行。银行审查无误后办理转账。下图为此种情况的流程。

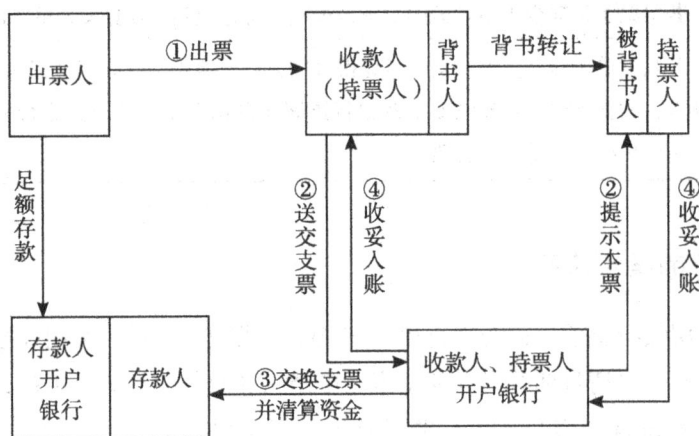

如果客户是未在银行开立存款账户的个人持票人，凭注明"现金"字样的银行本票向银行支取现金，应在银行本票背面签章，注明本人身份证件名称、号码及发证机关，并交验本人身份证件及复印件。如需委托他人向银行提示付款，应在银行本票背面"持票人向银行提示付款签章"处签章，记载"委托收款"字样、被委托人姓名和背书日期以及委托人身份证件名称、号码、发证机关。被委托人也应在银行本票背面"持票人向银行提示付款签章"处签章，记载证件名称、号码及发证机关，并同时交验委托人和被委托人的身份证件及其复印件。

五、 银行支票的结算

银行支票的结算方式灵活多样，适用于在同一票据交换地区的单位和个人各种款项的结算，详见下表。

项目		具体内容
使用规定		支票的出票人必须在银行开立账户
		支票的金额、收款人名称可由出票人补记，未补记前不得背书转让和提示付款
		支票的金额起点为100元
		支票的提示付款期限为自出票日起10天，到期日如遇节假日顺延，但中国人民银行另有规定的除外。超过提示付款期限提示付款的，持票人开户行不予受理，付款人不予付款
		出票人签发支票的金额不得超过付款时在付款人处实有的存款金额，禁止签发空头支票
		出票人不得签发与其预留银行印章不符的支票。使用支付密码的，不得签发支付密码错误的支票
		出票人签发支票应使用碳素墨水或墨汁填写
		支票的收款人、签发日期、大小写金额不得更改，更改的为无效票据
		支票丧失，失票人可到付款行申请挂失。挂失前已经支付的，银行不予受理。按规定对出票人签发的空头支票，签章与预留印章不符的支票，使用支付密码且支付密码错误的支票，银行应予退票，并按票面金额处以5%但不低于1 000元的罚款；持票人有权要求出票人赔偿支票金额2%的赔偿金。对屡次签发的，银行停止其签发支票
支票的处理	持票人、出票人在同一银行开户的处理	银行收到客户交来的支票，除按规定对支票进行审核外，还要审核进账单金额与支票金额是否一致；对于收款人交存的支票，检查其支票背面有无加盖收款人预留银行的印鉴背书。对于凭现金支票、普通支票支取现金的，还应折角核对印章。经审无误，以支票和进账单为记账传票进行转账。会计分录为： 借：××科目——出票人户 　　贷：××科目——收款人户
		转账后，进账单的回单联加盖银行业务公章后退交收款人或付款人。支取现金的，由出纳配款交取款人
	持票人、出票人不在同一银行开户的处理	持票人开户行受理支票的处理：收、付款人不在同一银行开户的，转账支票须在两银行之间进行传递。根据转账业务先借后贷的原则，收款开户行为收款人收进款项必须等付款人付款后才能进行

（续）

项目		具体内容
支票的处理	持票人、出票人不在同一银行开户的处理	同城票据清算办法中，规定某一时点为等待付款的时间，这一时点习惯上称为退票时间（也称票据抵用时间）。这样，收款人开户行受理支票结算业务后，首先应对票据进行处理和保管，等退票时间过后再进行处理
		出票人开户行受理支票的处理：出票人签发支票后，委托银行将款项支付给收款人时，应填写一式三联进账单，连同支票送交开户行。出票人开户行接到出票人交来的支票和进账单，按规定认真审核：支票应填各栏是否正确、齐全；支票上大小写金额是否一致，与进账单是否相符；其账户内容是否有足够支付款项；签章是否与预留银行印章相符等
		无误后，以支票为借方传票进行转账。会计分录为： 借：××科目——出票人户 　　贷：存放中央银行准备金
		转账后，进账单第一联加盖转讫章作为回单交给出票人，进账单第二联加盖业务公章连同第三联进账单通过票据交换转收款人开户行。收款人开户行收到通过交换提入的进账单，经审无误，以进账单第二联为贷方传票办理收账
		会计分录为： 借：存放中央银行准备金 　　贷：××科目——收款人户 转账后，进账单第三联加盖转讫章后作为收账通知交收款人

随着时代的发展和科技的进步，银行的业务也是日新月异，出现了更多方便快捷的高科技产品，而网上银行和手机银行就是其中杰出的代表。这两种业务的产生能够让人们快捷有效地办理各项业务，既节约了银行成本，又节省了人们的时间。那么网上银行和手机银行有哪些便捷之处呢？本章将对其进行详细介绍。

｜网上银行｜

网上银行包含两个层次的含义：一个是机构概念，指通过信息网络开办业务的银行；另一个是业务概念，指银行通过信息网络提供的金融服务，包括传统银行业务和因信息技术应用带来的新兴业务。在日常生活和工作中，我们提及网上银行，更多是第二层次的概念，即网上银行服务的概念。网上银行业务不仅仅是传统银行产品简单的转移，其服务方式和内涵也发生了一定的变化，而且由于信息技术的应用，又产生了全新的业务品种。

网上银行又称为网络银行、在线银行，是指银行利用 Internet 技术，通过 Internet 向客户提供开户、查询、对账、行内转账、跨行转账、信贷、网上证券、投资理财等传统服务项目，使客户可以足不出户就能够安全便捷地管理活期和定期存款、支票、信用卡及个人投资等。可以说，网上银行是互联网上的虚拟银行柜台。

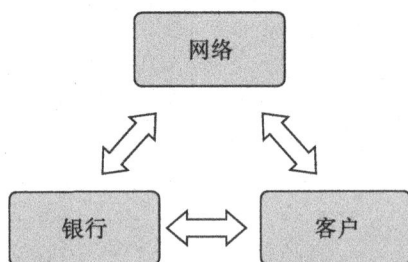

网上银行又被称为"3A银行",因为它不受时间、空间限制,能够在任何时间(Anytime)、任何地点(Anywhere)、以任何方式(Anyway)为客户提供金融服务。

一、 网上银行的发展

自1995年世界第一家网上银行美国安全第一网上银行诞生以来,全球银行业在电子化道路上开始了爆发式的飞跃。网上银行在我国获得了迅速发展。1996年,我国只有一家银行通过国际互联网向社会提供银行服务,到2002年年底,在互联网上设立网站的中资银行占中国现有银行的27%。网上银行因其低廉的成本和广阔的前景,越来越得到人们的重视,在我国发展势头迅猛。

虽然我国网上银行发展迅猛,但由于时间短、制度不完善及应对措施不足,网上银行依然存在不少问题,发展道路依然漫长。

二、 网上银行的开通

网上银行的网站办理流程和柜台办理流程如下图所示。

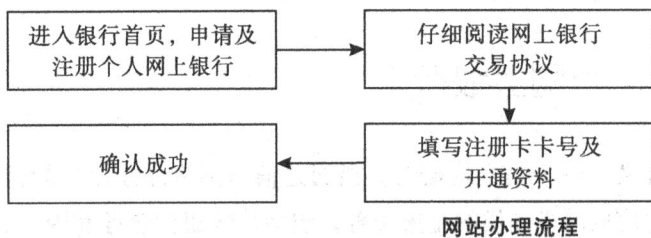

网站办理流程

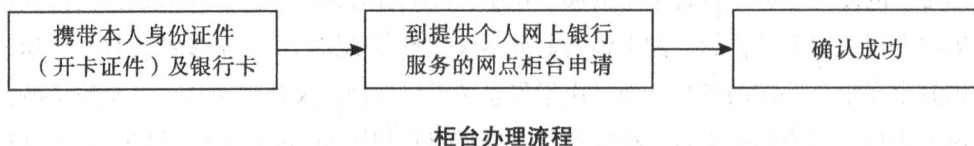

柜台办理流程

三、 网上银行的业务

网上银行的业务主要包括基本业务、网上投资、网上购物、个人理财、企业银行及其他金融服务,详见下表。

业务品种	具体内容
基本业务	商业银行提供的基本网上银行服务包括在线查询账户余额、交易记录,下载数据,转账和网上支付等
网上投资	由于金融服务市场发达,可以投资的金融产品种类众多,国外的网上银行一般提供包括股票、期权、共同基金投资和CDs买卖等多种金融产品服务
网上购物	商业银行的网上银行设立的网上购物协助服务,大大方便了客户进行网上购物,为客户提供了优质的金融服务或相关的信息服务,加强了商业银行在传统竞争领域的竞争优势
个人理财	个人理财助理是国外网上银行重点发展的一个服务品种。各大银行将传统银行业务中的理财助理转移到网上,通过网络为客户提供理财的各种解决方案,提供咨询建议或者金融服务技术援助,从而扩大了商业银行的服务范围,并降低了相关的服务成本
企业银行	企业银行服务是最重要的网上银行服务部分之一。其服务品种比个人客户的服务品种更多,也更复杂,对相关技术的要求也更高,所以能够为企业提供网上银行服务是商业银行实力的象征之一,一般中小网上银行或纯网上银行只能部分提供,甚至完全不提供这方面的服务
	企业银行服务一般提供账户余额查询、交易记录查询、总账户与分账户管理、转账、在线支付各种费用、透支保护、储蓄账户与支票账户资金自动划拨、商业信用卡等服务。此外,还包括投资服务等。部分网上银行还为企业提供网上贷款业务
其他金融服务	除了银行服务外,大型商业银行的网上银行均通过自身或与其他金融服务网站联合的方式,为客户提供多种金融服务产品,如保险、抵押和按揭等,以扩大网上银行的服务范围

㈣、 网上银行的优势

网上银行发展迅速，正是因为它有着传统银行业务所没有的优势，其具体内容如下表所示。

优势	具体内容
全面实现无纸化交易	以前使用的票据和单据大部分被电子支票、电子汇票和电子收据所代替；原有的纸币被电子货币，即电子现金、电子钱包、电子信用卡所代替；原有纸质文件的邮寄变为通过数据通信网络进行传送
服务方便、快捷、高效、可靠	通过网上银行可以享受到方便、快捷、高效和可靠的全方位服务。使用网上银行服务，不受时间、地域等的限制，即实现3A服务
经营成本低廉	由于采用了虚拟现实信息处理技术，网上银行可以在保证原有业务量不降低的前提下，减少营业点的数量
简单易用	E-mail通信方式非常灵活方便，便于客户与银行之间以及银行内部之间的沟通
降低银行经营成本，有效提高银行盈利能力	开办网上银行业务主要利用公共网络资源，不需设置物理的分支机构或营业网点，这减少了人员费用，提高了银行后台系统的效率
无时空限制，有利于扩大客户群体	网上银行业务打破了传统银行业务的地域、时间限制，具有3A特点，即能在任何时候、任何地方、以任何方式为客户提供金融服务，这既有利于吸引和保留优质客户，又能主动扩大客户群，开辟新的利润来源
有利于服务创新，向客户提供多种类、个性化服务	通过银行营业网点销售保险、证券和基金等金融产品，往往受到很大限制，主要是由于一般的营业网点难以为客户提供详细的、低成本的信息咨询服务。利用互联网和银行支付系统，就能够满足客户咨询、购买和交易多种金融产品的需求，客户除办理银行业务外，还可以很方便地在网上买卖股票、债券等，网上银行能够为客户提供更加合适的个性化金融服务

五、 网上银行的认证介质

网上银行涉及许多个人的隐私，因此在使用时需要有一些认证介质来确保其安全性。常见的认证介质有以下几种。

认证介质	具体内容
密码	密码是每个网上银行必备的认证介质，但其非常容易被木马病毒盗取或被他人偷窥。安全系数30%，便捷系数100%
文件数字证书	文件数字证书是存放在计算机中的数字证书，每次交易时都需用到，如果计算机没有安装文件数字证书是无法付款的；已安装文件数字证书的用户只需输入密码即可付款
	未安装文件数字证书的用户安装证书需要验证大量的信息，相对比较安全。但是文件数字证书不可移动，这对经常使用不同计算机的用户来说非常不方便（支付宝等虚拟的需要验证手机，而网上银行一般要去银行办理）；而且文件数字证书有可能被盗取，所以并不是绝对安全的。安全系数70%，便捷系数100%（家庭用户）、30%（网吧用户）
	提供商：招商银行、中国农业银行
动态口令卡	动态口令卡是一种类似游戏的密保卡样子的卡
	动态口令卡的卡面上有一个表格，表格内有若干数字。当进行网上交易时，银行会随机询问某行某列的数字，正确地输入对应格内的数字便可以成功交易
	动态口令卡可以随身携带，轻便、不需驱动、使用方便，但是如果木马病毒长期存在于计算机中，便可以渐渐获取口令卡上的很多数字，当获知的数字达到一定数量时，资金便不再安全。而且如果在外使用口令卡，也容易被别人拍照。安全系数50%，便捷系数80%
	提供商：中国工商银行、中国农业银行
动态手机口令	当尝试进行网上交易时，银行会向绑定手机发送验证短信，正确地输入短信中相应的内容则可以成功付款
	不需安装驱动，只需随身携带手机即可，不怕被偷窥，不怕木马病毒，相对安全。但是必须随身携带手机，手机不能停机，不能没电，不能丢失。有时会因为通信运营商的服务质量低导致迟迟收不到短信，影响效率。安全系数80%~90%，便捷系数80%（手机随身携带，话费充足，信号良好）、30%~80%（手机不随身携带，经常停机，信号差）
	提供商：招商银行、中国工商银行、中国光大银行、中国邮政储蓄银行

（续）

认证介质	具体内容
移动口令牌	付款时按移动口令牌上的按键，就会出现一个编码，须在一分钟内使用这个编码进行付款。如果无法获得该编码，则无法成功付款
	不需要驱动，不需要安装，只要随身携带，不怕被偷窥，不怕木马病毒。口令牌的编码一旦使用过就立即失效，不用担心付款时输入的编码被别人看到。安全系数80%~90%，便捷系数80%
	提供商：中国银行
移动数字证书	移动数字证书，工行叫U盾，农行叫K宝，建行叫网银盾，光大银行叫阳光网盾，支付宝中的叫支付盾
	它存放着个人的数字证书，并不可读取。同样，银行也有这个数字证书的记录
	当尝试进行网上交易时，银行会发送由时间字串、地址字串、交易信息字串、防重防攻击字串组合在一起进行加密后得到的字串A，U盾将根据个人证书对字串A进行不可逆运算得到字串B，并将字串B发送给银行，银行端也同时进行该不可逆运算，如果银行运算结果和U盾的运算结果一致便认为合法，交易便可以完成，如果不一致便认为不合法，交易便会失败。安全系数95%，便捷系数50%（持有需要驱动的移动数字证书的网吧用户）、80%（持有免驱动的移动数字证书的网吧用户或家庭用户）
	提供商：中国工商银行、中国农业银行、中国建设银行、招商银行、中国光大银行和中国民生银行

| 手机银行 |

一、手机银行简介

手机银行也可称为移动银行，是利用移动通信网络及终端办理相关银行业务的简称。作为一种结合了货币电子化与移动通信的崭新服务，移动银行业务不仅可以使人们在任何时间、任何地点处理多种金融业务，而且极大地丰富了银行服务的内涵，使银行能以便利、高效而又较为安全的方式为客户提供传统和创新的服务，而移动终端所独具的贴身特性，使之成为继ATM、互联网、POS之后银行开展业务的强有力工具，越来越受到国际银行业者的关注。中国移动银行业务在经过先期预热后，逐渐进入了成长期，如何突破业务现有发展瓶颈，增强客户的认知度和使用率成为移动银行业务产业链各方关注的焦点。

手机银行由手机、GSM 短信中心和银行系统构成。在手机银行的操作过程中，用户通过 SIM 卡上的菜单对银行发出指令，SIM 卡根据用户指令生成规定格式的短信并加密，然后指示手机向 GSM 网络发出短信，GSM 短信系统收到短信后，按相应的应用或地址传给相应的银行系统，银行对短信进行预处理，再把指令转换成主机系统格式，银行主机处理用户的请求，并把结果返回给银行接口系统，接口系统将处理的结果转换成短信格式，短信中心将短信发给用户。

手机银行并非电话银行。电话银行是基于语音的银行服务，而手机银行是基于短信的银行服务。通过电话银行进行的业务都可以通过手机银行实现，手机银行还可以完成电话银行无法实现的二次交易。比如，银行可以代用户缴付电话费、水费、电费等费用，但在划转前一般要经过用户确认。由于手机银行采用短信方式，用户开机时随时都可以收到银行发送的信息，从而可在任何时间与地点对划转进行确认。

手机银行与 WAP 网上银行相比，优点也比较突出。首先，手机银行有庞大的潜在用户群。其次，手机银行须同时经过 SIM 卡和账户双重密码确认之后，方可操作，安全性较好；而 WAP 是一个开放的网络，很难保证在信息传递过程中不受攻击。最后，手机银行实时性较好，折返时间几乎可以忽略不计，而 WAP 进行相同的业务需要一直在线，同时还要取决于网络拥挤程度与信号强度等许多不确定因素。

二、手机银行的基本业务

国内开通手机银行业务的银行有：中国邮政储蓄银行、中国工商银行、招商银行、中国银行、中国建设银行、交通银行、广东发展银行、深圳发展银行、中信银行、中国农业银行等。其业务大致可分为三类，如下图所示。

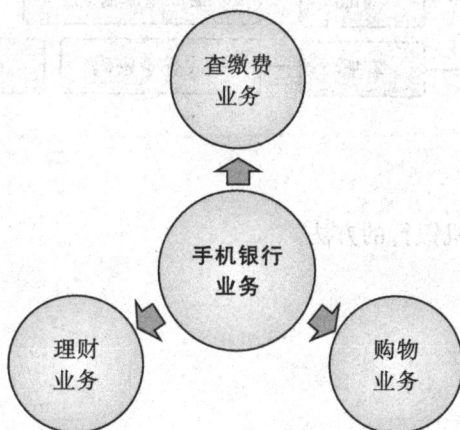

（1）查缴费业务，包括账户查询，余额查询，账户的明细，转账，银行代收的水电费、电话费等。

（2）购物业务，指客户将手机信息与银行系统绑定后，通过手机银行平台购买商品。

（3）理财业务，包括炒股、炒汇等。

手机银行的具体业务如下图所示。

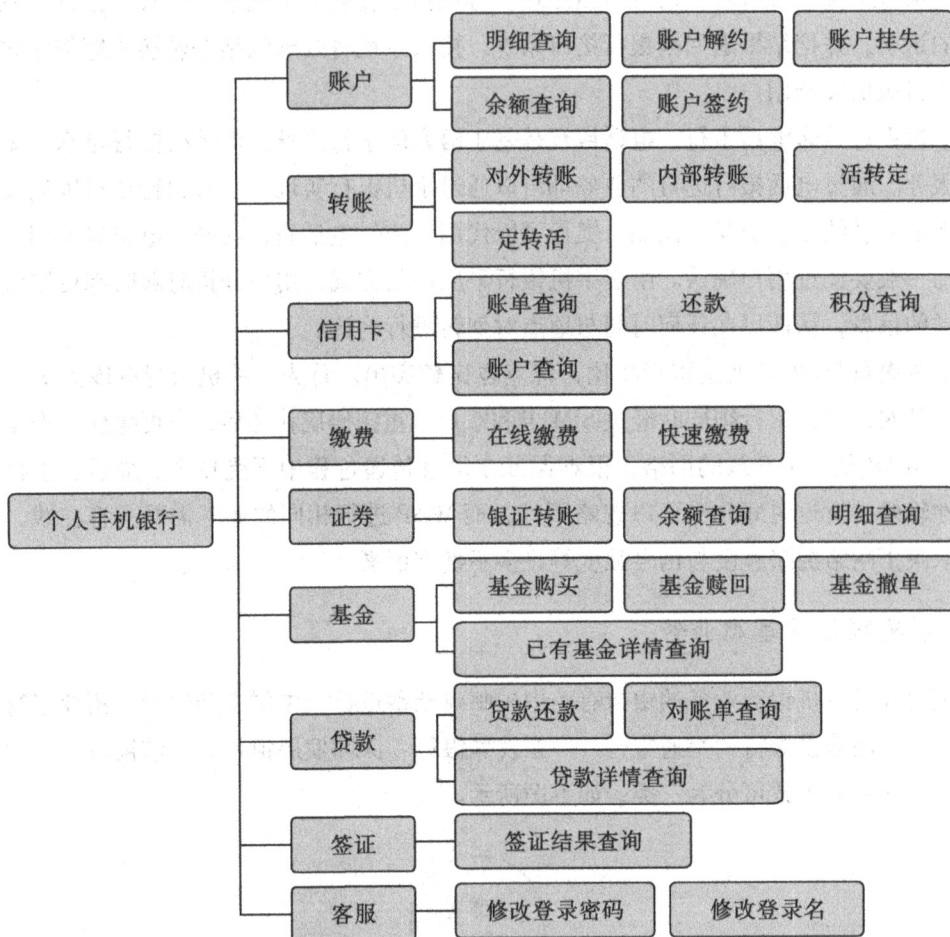

三、手机银行的开通

下面介绍四种开通手机银行的方法。

开通方法	具体措施
手机上直接开通	"移动梦网"用户（使用"移动梦网"，首先必须开通 GPRS 功能，可以通过拨打 10086 或到移动营业厅开通 GPRS 功能）可以通过编辑短信、回复短信进行开通
	在手机上网地址栏中输入网址，即可进入银行手机 WAP 网站，通过网站中的手机银行链接开通
	在移动梦网子栏目下（移动梦网 → MO 新生活 → 手机钱包 → 金融服务 → 手机银行）选择手机银行进行开通
网站开通	通过银行网站开通。此类方式开通或追加的手机银行账户状态为未签约状态，客户须到柜台进行手机银行账户签约，才能使用手机银行转账、缴费、支付和手机股市等服务
柜台开通	带上有效身份证件和实名制账户到任意一个银行网点开通，然后登录手机银行使用包括查询、转账、汇款、外汇买卖等服务。柜台开通及追加的手机银行账户都为签约账户
网银开通	网银客户可在登录网上银行后进行手机银行账户的开通。个人网银盾客户选择签约账户开通或追加至手机银行后，该签约账户将直接成为手机银行的签约账户，否则为非签约账户

四、手机银行的优势

相对于传统银行业务和网上银行业务来说，手机银行有着自己独特的优势，其具体内容如下表所示。

优势	具体内容
手机银行缴费不排队	银行排队难一直是让消费者头痛的问题，通过手机银行这个电子渠道办理业务就可免受排队之苦 以中行为例，要想实现手机银行代缴公用事业费，只需要拥有一部支持移动梦网、具有 WAP 上网功能的手机，携带已开通电话银行的长城人民币电子借记卡办理手机银行业务即可 手机银行缴费过程十分简单：用手机上网进入银行的代缴费页面，输入账单条形码和金额，点击确认便可完成账单支付，十分方便。中行手机银行可以支付水费、电费、煤气费、电话费以及移动和联通的手机费。此外，手机银行还可查询过去的缴费情况

（续）

优势	具体内容
手机银行确保及时交易	例如，对于瞬息万变的外汇市场，在不能及时用计算机上网的情况下，可先使用手机查询需要买卖的外汇行情，了解价格后进行挂单委托交易，最后利用手机银行中的委托查询功能，确认交易是否成功，前后几分钟便完成了整个操作过程
全天候服务，短信操控账户	短信已经成为手机用户间最常用的沟通方式，手机银行同样具有短信功能，发了多少薪水、汇款是否到账、还款是否成功等账户信息，银行都会通过短信方式主动通知用户 以中国工商银行为例，其手机银行服务适用于各种厂商和型号的手机，只要编辑发送指定格式的短信，工行手机银行客户就能获得24小时全天候的服务，可以自由查询账户，进行捐款，缴纳电话费和手机费；同时因电子商务的迅速发展，工行手机银行还为客户提供了网上消费实时支付服务
全程加密，保障安全	相对于网上银行，手机银行不易受到黑客攻击，私密性更强，更安全。例如，建行的手机银行采用通信专线连接，从手机端到银行端全程加密，同时还采用了数字签名机制、手机与卡的绑定机制，保证客户交易和账户资金的安全 客户使用手机银行时浏览到的信息在退出手机银行后都会立即删除，不会留在手机里。所有的信息实际上都是存在银行端。所以如果手机遗失，即使有人捡到了手机，不知道账号和密码，对方也进不了手机银行

在 2013 年中国企业前十强中，中国工商银行、中国建设银行、中国农业银行和中国银行均在榜上，向中国各企业宣示其强大的雄厚资本。那银行业为什么发展如此迅猛？它的盈利方式是怎样的？在其高速发展背后的风险又有哪些？如何进行风险管理？本章将对以上内容进行详细介绍。

银行的盈利模式

银行盈利模式是指商业银行在一定的经济发展水平和市场机制环境下，以一定资产负债结构为基础的主导财务收支结构。

根据目前商业银行的主要收入结构来划分，可以将盈利模式分为传统业务型和非传统业务型两种，如下图所示。

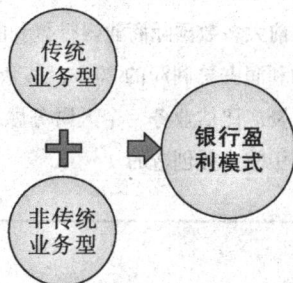

传统
业务型

+

非传统
业务型

银行盈
利模式

一、传统业务型

传统业务型盈利模式是指以传统业务为主导的盈利模式，即收入来源中以信贷利息收入为主，而利息收入中又以批发业务利息收入为主。这类盈利模式导致商业银行的发展需要以资产规模扩张为主要手段，以存贷款规模的增长来维持利润的增加。由于更多地关注信贷，其所提供的服务品种相对比较单一，银行之间服务的差异化较小。我国商业银行是这类盈利模式的典范。

二、非传统业务型

顾名思义，就是非传统业务收入占较大份额的盈利模式。这里的非传统业务主要指零售银行业务、中间业务和私人银行业务。其具体内容如下表所示。

业务类型	具体内容
零售银行业务	零售银行业务是相对于批发业务而言的，批发业务的服务对象主要是公司、集团，而零售业务面向的是零散的消费者和小企业。就提供的服务而言，批发业务主要是信贷，零售业务除了贷款外，还包括信用卡、财产管理、个人理财等业务 零售银行业务具有客户广泛、风险分散、利润稳定的特点，但同时也需要商业银行具备完善的机构网络
中间业务	所谓中间业务，就是商业银行除了资产业务和负债业务以外，不直接承担或不直接形成债权债务，仅动用自己的少量资金，为社会提供的各类金融服务 参照巴塞尔委员会的分类并结合中国商业银行的实际情况，中间业务大体可分为代理性中间业务、结算性中间业务、服务性中间业务、融资性中间业务、担保性中间业务、衍生性中间业务六种 目前银行的金融创新大部分在中间业务，涉及资金清算结算、基金托管、现金管理、代理买卖、财务顾问、企业银行、理财服务等；也涉及人们生活的方方面面，如外汇买卖、理财、汇款、代发工资、缴交公用事业费等 中间业务是目前大多数国际商业银行盈利的重要来源，例如美国花旗银行，其存贷业务带来的利润占总利润的20%，其余80%都是由承兑、资信调查、企业信用等级评估、资产评估业务、个人财务顾问业务、远期外汇买卖、外汇期货、外汇期权等大量中间业务创造的

Content

（续）

业务类型	具体内容
私人银行业务	私人银行业务，是指商业银行通过对客户按重要性分层管理，为重要的客户群提供个性化、差别化、全方位金融业务的银行业务 具体服务内容包括财富管理业务、信托产品、咨询服务、遗产规划、托管业务等 私人银行业务与零售银行业务相比有三大特点：一是要求较高的准入门槛；二是私人银行业务提供的是一种综合解决方案；三是私人银行业务为客户提供个性化的顶级的专业化服务 私人银行业务位于商业银行业务金字塔的塔尖，它以资产管理业务为基础，已成为国际知名商业银行的战略核心业务

银行风险管理

银行风险是指银行在经营中由于各种因素而导致经济损失的可能性，或者是银行的资产和收入遭受损失的可能性。银行的风险存在不确定性，所以要积极采取各种措施进行应对。

一、 银行风险的分类

银行的风险种类较多，最主要的风险有四种：信用风险、市场风险、流动性风险和操作风险（如下图所示）。

1. 信用风险

信用风险是指借款人因各种原因未能及时、足额偿还债务或银行贷款而违约的可能性。发生违约时，债权人或银行必将因为未能得到预期的收益而承担财务上的损失。信用风险的产生有两方面的原因，具体如下表所示。

产生原因	具体内容
经济运行的周期性	在处于经济扩张期时，信用风险降低，因为较强的盈利能力使总体违约率降低；在处于经济紧缩期时，信用风险增加，因为盈利情况总体恶化，借款人因各种原因不能及时足额还款的可能性增加
对公司经营有影响的特殊事件的发生	这种特殊事件的发生与经济运行周期无关，并且对公司经营有重要的影响，如产品的质量诉讼。例如，当人们知道石棉对人类健康有影响的事实时，所发生的产品责任诉讼使 Johns-Manville 公司，一个著名的在石棉行业中处于领头羊位置的公司破产并无法偿还其债务

2. 市场风险

市场风险是指未来市场价格（利率、汇率、股票价格和商品价格）的不确定性对企业实现其既定目标的影响，具体包括以下几方面。

风险类型	具体内容
利率风险	利率风险是指货币市场、资本市场利率的波动通过存款、贷款、拆借等业务影响商业银行负债成本和资产收益等经济损失的可能性
汇率风险	汇率风险是指由于汇率的不利变动而导致银行业务发生损失的风险 汇率风险一般因为银行从事以下活动而产生：一是商业银行为客户提供外汇交易服务或进行自营外汇交易活动（外汇交易不仅包括外汇即期交易，还包括外汇远期、期货、互换和期权等金融和约的买卖）；二是商业银行从事的银行账户中的外币业务活动 银行的外汇交易风险主要来自两方面：一是为客户提供外汇交易服务时未能立即进行对冲的外汇敞口头寸；二是银行对外币走势有某种预期而持有的外汇敞口头寸
股票价格风险	股票价格风险是指由于商业银行持有的股票价格发生不利变动而给商业银行带来损失的风险
商品价格风险	商品价格风险是指商业银行所持有的各类商品的价格发生不利变动而给商业银行带来损失的风险。这里的商品包括可以在二级市场上交易的某些实物产品，如农产品、矿产品（包括石油）和贵金属等

3. 流动性风险

流动性风险是指因市场成交量不足或缺乏愿意交易的对手，导致未能在理想的时点完成买卖的风险；或银行本身掌握的流动资产不能满足即时支付到期负债的需要，从而使银行丧失清偿能力和造成损失的可能性。

流动性风险，一方面是一种本原性风险，是由于流动性不足造成的；另一方面也是最常见的情况，是其他各类风险长期隐藏、积聚，最后以流动性风险的形式爆发出来。从这种意义上讲，流动性风险是一种派生性风险，即流动性不足，可能是由于利率风险、信用风险、经营风险、管理风险、法律风险、国家风险、汇率风险等风险源所造成的，银行最终陷入流动性风险中不能自拔。

4. 操作风险

巴塞尔银行监管委员会对操作风险的正式定义是：由于内部程序、人员和系统的不完备或失效，或由于外部事件造成损失的风险。巴塞尔委员会将操作风险分为以下七类。

风险分类	具体内容
内部欺诈	有机构内部人员参与的诈骗、盗用资产、违反法律以及公司规章制度的行为
外部欺诈	第三方的诈骗、盗用资产、违反法律的行为
雇佣合同以及工作状况带来的风险事件	由于不履行合同，或者不符合劳动健康、安全法规所引起的赔偿要求
客户、产品以及商业行为引起的风险事件	有意或无意造成的无法满足某一顾客的特定需求，或者是由于产品的性质、设计问题造成的失误
有形资产的损失	由于灾难性事件或其他事件引起的有形资产的损坏或损失
经营中断和系统出错	软件或者硬件错误、通信问题以及设备老化
涉及执行、交割以及交易过程管理的风险事件	例如，交易失败、与合作伙伴的合作失败、交易数据输入错误、不完备的法律文件、未经批准访问客户账户，以及卖方纠纷等

二、 银行风险管理

银行风险管理是指各类经济主体通过对各种银行风险的认识、衡量和分析，以最少的成本达到最大安全保障、获取最大收益的一种金融管理办法。下图为银行风险管理体系。

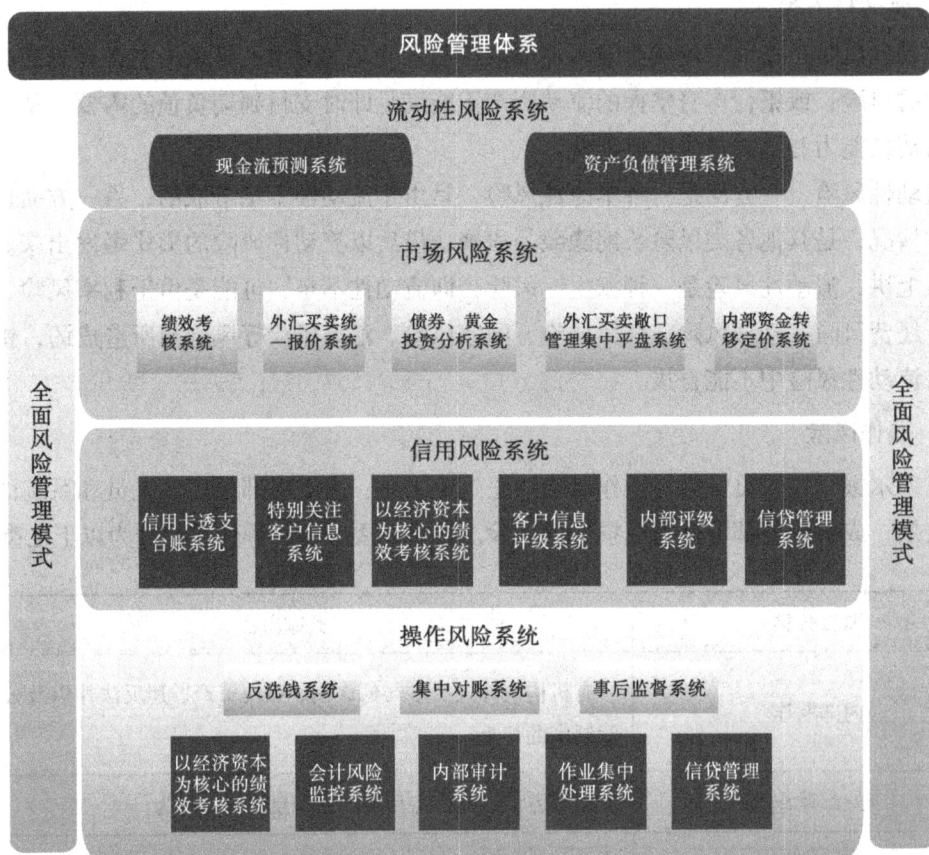

关于风险管理的定义有以下三点说明：

第一，银行风险管理所涉及主题的范围非常广泛，各类经济主体除银行自身外，还包括个人、家庭、企业、公用事业单位、国家及其政府单位；

第二，在银行风险管理中，以通过对银行风险的认识、衡量而最终选择的最佳的银行风险管理技术为中心；

第三，对银行风险进行管理，最终要以最大的安全保障、最大的收益为目标。没有安全保障，收益目标无从谈起；没有收益目标，经济主体无从发展，最终还是要在竞争中被淘汰。

1. 银行风险管理概述

风险管理	具体内容
管理的目标	从微观角度来看，银行风险管理的目标是通过处置和控制风险，防止和减少损失，最终保障银行正常经营活动的顺利进行。具体地讲，它包括两方面的内容：一是在风险损失产生以前，为保障其自身经营的安全，银行通过有效的风险管理，以最低的损失控制费用来获取控制风险的最佳效果。总之，银行通过最合理、最经济的处置风险方式，防患于未然。二是在风险损失产生之后，为了尽快弥补损失，银行通过采取各种"亡羊补牢"的措施，使银行不致因各种风险的产生而危及其生存，最终确保盈利目标的顺利实现 从宏观角度来看，银行风险管理的目标是通过单个银行的稳健经营，确保整个银行体系的正常运转，避免银行倒闭的"多米诺效应"的产生，最终维持金融秩序的稳定，以利于国民经济持续健康发展
管理的实施	银行风险管理的目标能否实现，不仅取决于银行风险管理人员的知识水平和管理技能，还取决于银行的组织设置和管理方式等。银行风险管理的实施必须注重以下四方面的内容： 一是在经营上，必须采取稳健的原则，银行各部门的管理人员从经营决策到具体业务的操作，都必须考虑各种风险因素，在确保安全的前提下寻求盈利的极大化 二是在业务上，采取一系列风险分散或风险转嫁的自我保护措施，通过将风险管理数量化、具体化和制度化，确保风险在自身能够承受的范围之内 三是在组织安排和部门设置上，要求银行设置专门的风险管理部门，并且强调与其他部门密切配合，定期对各业务部门制定的具体风险管理对策和目标进行检查与监督；并将市场销售部和操作系统部分开设置，健全内部的制约机制。总之，银行在组织安排和部门设置上均必须体现防范风险的思想 四是在财务上，采取稳健的会计原则，银行应在执行权责发生制的同时，按照稳健的会计原则，争取有关部门的支持，对呆账准备、应收未收款、盈余分配等方面做出适当的处理，以确保银行的资产质量，增强银行抵御风险的能力
管理的意义	银行早期的"真实票据论"就是为回避风险而提出的，它反映了银行回避风险的稳健经营方针。作为特殊的企业，银行具有特殊的风险，必须加强其风险管理；同时，银行也具有一般企业最显著的特征，即是以盈利为目的的组织。如果银行不顾一切追求盈利的极大化，往往会带来本金的损失而得不偿失，甚至导致银行的破产和倒闭 因此，只有在强调风险管理前提下的资产运用，才能确保银行获取真正的收益。银行强调风险管理，不仅可以在公众中树立起良好的形象，还可以提高自身的信誉

2. 银行风险管理的策略

在应对银行风险时，主要有五个策略：风险分散、风险对冲、风险转移、风险规避、风险补偿（如下图所示）。其具体内容如下表所示。

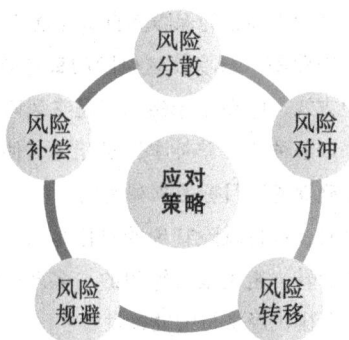

应对策略		具体内容
风险分散	含义	通过多样化的投资来分散和降低风险的方法
	主要作用	马柯维茨的资产组合管理理论：只要两种资产收益率的相关系数不为1，分散投资于两种资产就具有降低风险的作用。而对于有相互独立的多种资产组合而成的投资组合，只要组成资产的个数足够多，其非系统性风险就可以通过这种分散化的投资完全消除
	实现手段	信贷业务不应集中于同一业务、同一性质，甚至是同一国家的借款人
风险对冲	含义	通过投资或购买与标的资产收益波动负相关的某种资产或衍生产品来冲销标的资产潜在的风险损失的一种风险管理策略
	主要作用	是管理利率风险、汇率风险、股票风险和商品风险非常有效的手段
	实现手段	自我对冲和市场对冲。自我对冲是指商业银行利用资产负债表或某些具有收益负相关性质的业务组合本身所具有的对冲特性进行风险对冲；市场对冲是指对于无法通过资产负债表和相关业务调整进行自我对冲的风险（又称残余风险），通过衍生产品市场进行对冲

（续）

应对策略		具体内容
风险转移	含义	通过购买某种金融产品或采取其他合法的经济措施将风险转移给其他经济主体的风险管理办法
	主要作用	风险分散只能降低非系统性风险，而对共同因素引起的系统性风险却无能为力，此时采用风险转移策略是最为直接和有效的
	实现手段	分为保险转移和非保险转移两种。保险转移是指为商业银行投保，以缴纳保险费为代价，将风险转移给承保人；非保险转移是指担保、备用信用证等能够将信用风险转移给第三方。例如，商业银行在发放贷款时，通常会要求借款人提供第三方信用担保作为还款保证，若借款人到期不能如期偿还贷款本息，则由担保人代为清偿
风险规避	含义	商业银行拒绝或退出某一业务或市场，以避免承担该业务或市场具有的风险
	主要作用	不做业务，不承担风险
	实现手段	没有风险就没有收益。规避风险的同时自然也失去了在这一业务领域获得收益的机会和可能。风险规避策略的局限性在于它是一种消极的风险管理策略
风险补偿	含义	事前（损失发生以前）对风险承担的价格补偿
	主要作用	对于那些无法通过风险分散、对冲或转移进行管理，而且有无法规避、不得不承担的风险，投资者可以采取在交易价格上附加风险溢价，即通过提高风险回报的方式，获得承担风险的价格补偿
	实现手段	投资者可以于现在金融资产的定价中充分考虑风险因素，通过定价来索取风险回报

3. 加强银行风险管理的对策

管理对策	具体内容
完善公司治理结构	商业银行公司治理是控制、管理商业银行的一种机制或制度安排，是商业银行内部组织结构和权利分配体系的具体表现形式，同时也是实施风险管理、加强内部控制、防范操作风险、实现安全运营的关键。因此，建立合理的组织机构和科学的制度安排对加强银行风险管理非常有必要
	首先，明晰产权，规范银行委托代理机制；其次，科学划分董事会、管理层、监事会、风险管理委员会以及各个部门之间的关系，在此基础上，建立合理的薪酬制度，强化激励约束机制；最后，建立分工明确、责任合理的风险管理机构，畅通信息传递的通道，使银行的风险管理战略目标、风险紧急事件等信息能便捷、有效地传递
规范风险管理流程	商业银行的经营特点决定了其经营的每一项业务、每一个环节都面临着风险，任何忽视风险管理的思想和行为都可能导致局部或全面的经营失败。因此，实施风险管理的首要任务是规范管理流程 第一，风险识别。及时、准确地识别风险是风险管理的最基本要求，任何延误和错判，都将导致风险信息流动不畅通，不能够做到对风险的有效预判，更不能够做出正确的决策，从而可能造成严重的风险损失。因此，必须通过科学的方法，收集各种有效的风险信息，并对风险的种类、发生的可能性、可能损失的大小等方面都要进行深入的分析。对于风险的识别必须通过科学的方法，对数据进行定量的分析，避免主观臆断和简单做出决定 第二，风险计量。风险计量是风险管理有效实施的基础，采用高级风险量化技术对风险的可能性以及风险的程度进行量化分析 第三，风险监测。功能强大、动态、交互式的风险监测报告系统对于提高商业银行风险管理效率和质量具有十分重要的作用。风险监测主要做好两个方面的工作：一是对各种风险因素进行适时的监测，对各种风险因素的发展变化情况及时做出评判，并及时上报相关部门采取有效措施；二是对商业银行所面临的各种风险要进行定量和定性的研究分析，并随时关注风险管理措施的适时效果，对风险变化进行有效的控制 第四，风险控制。风险控制是指对经过识别和计量的风险采取各种措施进行风险管理，包括风险分散、风险转移、风险规避以及风险补偿

（续）

管理对策	具体内容
建立有效的风险管理实施方案	第一，当前评估。评估的目标主要是了解银行的风险管理结构，识别行业标准和良好的实践来找出不足和尚需改进的方面。在这个阶段中，对银行的风险管理出具一个诊断报告，并对银行风险管理的分工和职责，核心的风险管理部门、业务部门和支持部门的结构提出建议 第二，未来目标构架。这个阶段的工作任务主要是发展良好的风险管理结构和具体的解决方案，找出关键的成功因素和限制实施的因素，取得银行高级管理层的正式认可 第三，实施战略。这个阶段的主要工作目标是开发具体的实施战略和项目计划，可以选择部分地方或者部门试行具体的计划解决方案，并对方案实施结果进行评估 第四，制定方案。评价实地测试结果，修正目标风险管理结构和实施战略，制定目标风险管理结构的实施战略，开发长远计划和迁移策略
完善风险管理信息系统	商业银行只有通过先进的风险管理信息系统，才能随时更新风险并及时做出分析和判断。风险信息管理系统正是联结各业务单元和关联市场的一条纽带，它形成一个集中的信息平台，及时、广泛地采集所需的大量风险信息，并进行充分加工、分析，以辅助风险管理决策 信息管理系统包含以下环节： 第一，数据收集。风险管理信息系统需要从很多来源收集海量数据，除非采用大规模的、先进的自动处理技术，否则无法维持对这种数据信息环境的有效管理和控制，这也决定了系统本身极其复杂 第二，数据处理。现代化商业银行利用大型的集中计算以及处理中心来分析、处理海量数据，包括历史统计数据以及及时交易/组合数据 第三，信息传递。有效的风险管理需要在正确的时间将正确的信息传递给正确的人 第四，信息反馈。在信息的传递部门和业务部门之间形成一个良性的互动以及反馈，以便更有效地利用信息管理系统做好风险管理工作 最后，在整个风险管理信息系统中一定要保障信息系统安全。风险管理信息系统作为商业银行的核心"无形资产"，必须设置严格的质量和安全保障标准，确保系统能够长期、稳定运行

（续）

管理对策	具体内容
建立完善的内部控制机制	商业银行内部控制机制是指商业银行为实现既定的商业经营目标，通过制定一系列的制度、完善相关的业务流程、提供更多的解决问题的方式方法，对风险进行事前预判防范、事中控制、事后监督和修正的动态机制与过程。内部控制机制系统可以保证风险管理体系的健全，完善银行组织结构，提高风险管理水平。主要包括以下几个方面：一是明确划分股东、监事会、董事会和经营管理层各自的权责形成的相互制衡关系；二是为达到银行制定的目标所采取的具体做事方式方法；三是为保证银行内部各部门以及各项业务的顺利进行，而制定的做事程序和政策；四是为及时识别风险、防范风险，而制定的风险战略管理制度 在商业银行的风险管理过程中，有效的内部控制机制需要贯穿于银行经营的每一个程序和环节。首先，加强员工的培训和指导，加强岗位操作能力考核，使风险管理的理念深入到每一个员工内心；其次，银行要有一个高效的组织机构，这就要求建立和完善董事会、监事会、股东会、经理层以及风险管理部门，充分发挥风险决策、监督和管理作用；再次，银行内部要落实责任制，把风险管理任务落实到每一个员工、每一个业务流程、每一个部门，加强激励考核机制，切实把风险管理落到实处；最后，在经济社会发展迅速变化、金融创新业务和服务不断推出、风险因素变化多端的今天，内部控制机制必须根据变化的经济形势、变化的内外部环境，做出及时调整和反应，使内部控制机制和风险控制成为银行业务发展的推动力量

三、 银行风险的监管核心

银行业监管机构在对银行风险进行监管时，有其独特的监管核心。核心指标分为三个层次：风险水平、风险迁徙和风险抵补（如下图所示）。其具体内容如下表所示。

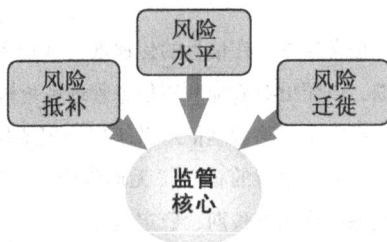

监管核心	具体内容
风险水平	风险水平类指标包括流动性风险指标、信用风险指标、市场风险指标和操作风险指标，以时点数据为基础，属于静态指标 流动性风险指标衡量商业银行流动性状况及其波动性，包括流动性比例、核心负债比例和流动性缺口率，按照本币和外币分别计算。流动性比例为流动性资产余额与流动性负债余额之比，衡量商业银行流动性的总体水平，不应低于25%；核心负债比例为核心负债与负债总额之比，不应低于60%；流动性缺口率为90天内表内外流动性缺口与90天内到期表内外流动性资产之比，不应低于 − 10% 信用风险指标包括不良资产率、单一集团客户授信集中度、全部关联度三类指标。不良资产率为不良资产与资产总额之比，不应高于4%。该项指标为一级指标，包括不良贷款率一个二级指标；不良贷款率为不良贷款与贷款总额之比，不应高于5%。单一集团客户授信集中度为最大一家集团客户授信总额与资本净额之比，不应高于15%。该项指标为一级指标，包括单一客户贷款集中度一个二级指标；单一客户贷款集中度为最大一家客户贷款总额与资本净额之比，不应高于10%。全部关联度为全部关联授信与资本净额之比，不应高于50% 市场风险指标衡量商业银行因汇率和利率变化而面临的风险，包括累计外汇敞口头寸比例和利率风险敏感度。累计外汇敞口头寸比例为累计外汇敞口头寸与资本净额之比，不应高于20%。具备条件的商业银行可同时采用其他方法计量外汇风险。利率风险敏感度为利率上升200个基点对银行净值的影响与资本净额之比，指标值将在相关政策出台后根据风险监管实际需要另行制定 操作风险指标衡量由于内部程序不完善、操作人员差错或舞弊以及外部事件造成的风险，表示为操作风险损失率，即操作造成的损失与前三期净利息收入加上非利息收入平均值之比
风险迁徙	风险迁徙类指标衡量商业银行风险变化的程度，表示为资产质量从前期到本期变化的比率，属于动态指标。风险迁徙类指标包括正常贷款迁徙率和不良贷款迁徙率 正常贷款迁徙率为正常贷款中变为不良贷款的金额与正常贷款之比，正常贷款包括正常类和关注类贷款。该项指标为一级指标，包括正常类贷款迁徙率和关注类贷款迁徙率两个二级指标：正常类贷款迁徙率为正常类贷款中变为后四类贷款的金额与正常类贷款之比；关注类贷款迁徙率为关注类贷款中变为不良贷款的金额与关注类贷款之比 不良贷款迁徙率包括次级类贷款迁徙率和可疑类贷款迁徙率：次级类贷款迁徙率为次级类贷款中变为可疑贷款和损失类贷款的金额与次级类贷款之比；可疑类贷款迁徙率为可疑类贷款中变为损失类贷款的金额与可疑类贷款之比

（续）

监管核心	具体内容
风险抵补	风险抵补类指标衡量商业银行抵补风险损失的能力，包括盈利能力、准备金充足程度和资本充足程度三个方面 盈利能力指标包括成本收入比、资产利润率和资本利润率：成本收入比为营业费用加折旧与营业收入之比，不应高于45%；资产利润率为税后净利润与平均资产总额之比，不应低于0.6%；资本利润率为税后净利润与平均净资产之比，不应低于11% 准备金充足程度指标包括资产损失准备充足率和贷款损失准备充足率：资产损失准备充足率为一级指标，为信用风险资产实际计提准备与应提准备之比，不应低于100%；贷款损失准备充足率为贷款实际计提准备与应提准备之比，不应低于100%，属二级指标 资本充足程度指标包括核心资本充足率和资本充足率：核心资本充足率为核心资本与风险加权资产之比，不应低于4%；资本充足率为核心资本加附属资本与风险加权资产之比，不应低于8%
核心实质	核心指标的设置实质是将风险量化的方法，同时通过持续监测，衡量哪些做法可行，哪些不可行，从而逐渐减少风险，将风险降至最低 风险量化的第一阶段主要是计量和跟踪，必须要知道如何对数据进行量化，这是一项极具挑战的工作。大多数欧洲和美国的银行，目前都在经历这样一个阶段。这些信息要以一种系统的方式收集，而且必须量化。第二阶段是评估的阶段。当银行量化有关信息之后，要对它进行衡量，因此在第二阶段需要很多相关技术的开发 银行可以建立来自于内部和外部的风险损失事件数据库，并从数据中拟合风险损失的分布，通过设置一个置信区间（如95%），银行就可以计算出风险损失，也就可以为其分配资本。为风险分配资本的最大好处在于，当银行遭受某种灾难性损失的时候不至于瘫痪，甚至于倒闭 第三阶段，就是向各个管理层提供数据，以让他们采取适当的补救措施，解决所面临的问题 通过组织与制度流程设置、风险监测以及风险分配预测资本能够对银行的风险实施有效控制，支持银行健康持续地发展

㈣、银行风险管理的组织机构

1. 董事会及最高风险管理委员会

董事会是商业银行的最高风险管理和决策机构，承担商业银行风险管理的最终责任。董事会负责审批风险管理的战略、政策和程序，确定商业银行可以承受的总体风险水平，督促高级管理层采取必要的措施识别、计量、监测和控制各种风险，监控和评价风险管理的全面性、有效性以及高级管理层在风险管理方面的履职情况。

最高风险管理委员会是董事会指派的专门委员会，负责拟定具体的风险管理政策和指导原则。各级风险管理委员会应当与金融风险管理部门和信息技术部门保持密切联系，随时获取相关的风险信息，并定期对所有业务单位及商业银行的整体风险状况进行仔细评估。

2. 监事会

监事会是我国商业银行所特有的监督机构，对股东大会负责，从事商业银行内部尽职监督、财务监督、内部控制监督等监察工作。监事会通过列席会议、调阅文件、检查与调研、监督测评、访谈座谈等方式，以及综合利用非现场监测与现场抽查手段，对商业银行的决策过程、决策执行过程、经营活动，以及董事、高级管理人员的工作表现，进行监督和测评。

3. 高级管理层

高级管理层的主要职责是执行风险管理政策，制定风险管理的程序和操作规程，及时了解风险水平及其管理状况，并确保商业银行具备足够的人力、物力和恰当的组织结构、管理信息系统以及技术水平，有效地识别、计量、监测和控制各项业务所承担的各种风险。

高级管理层的支持和承诺是商业银行有效风险管理的基石，只有高级管理层充分认识到积极利用风险管理的潜在盈利能力，风险管理才能够对商业银行整体产生最大的收益。

4. 风险管理部门

商业银行具备目标明确、结构清晰、职能完备、功能强大的风险管理部门或单位，已经成为金融管理现代化的重要标志。风险管理部门必须具备高度独立性，以提供客观的风险管理策略。风险管理部门的主要职责见下表。

主要职责	具体内容
监控各类限额	一旦限额被设定，风险管理部门就会密切监督限额的适用状况是否遵从商业银行风险管理的限制标准
核准定价	核准金融产品的风险定价，并协助财务控制人员进行价格评估
掌握整体风险状况	风险管理部门独特的地位使其可以全面掌握商业银行整体的市场风险、信用风险和操作风险状况，为经营管理决策提供辅助作用

5. 其他风险控制部门

除了以上几个管理机构外，我国银行业还有其他的风险控制部门，包括财务控制部门、内部审计部门、法律/合规部门和外部监督机构。下图是对其他风险控制部门的简单概括。

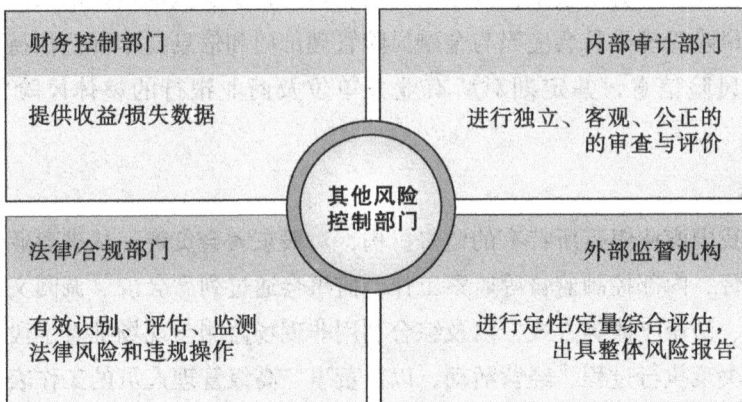

财务控制部门	内部审计部门
提供收益/损失数据	进行独立、客观、公正的审查与评价
法律/合规部门	外部监督机构
有效识别、评估、监测法律风险和违规操作	进行定性/定量综合评估，出具整体风险报告

（中心：其他风险控制部门）

其他风险控制部门	具体内容
财务控制部门	主要是提供收益/损失数据。风险管理部门接受来自财务控制部门的收益/损失数据。财务控制部门应确保数据准确，并可用于事后校验 风险管理部门与财务控制部门之间的密切合作是实现商业银行平衡风险与收益战略的重要基石：绩效评估方式从总收益或净利润转向注重经风险调整后的收益率；会计资本向监管资本、经济资本转变 风险管理部门协助财务控制部门深入了解以风险模型为基础的资本核算法，有助于科学、合理地进行风险资本储备和经济资本分配 此外，财务控制部门与风险管理部门的密切合作，有助于方便、快捷地提取所需要的重要信息来完成监管报告，保障商业银行合规经营
内部审计部门	内部审计部门定期对风险管理体系的组成部门和环节进行准确性、可靠性、充分性和有效性的独立审查与评价 内部审计的主要内容包括：经营管理的合规性及合规部门的工作情况；内部控制的健全性和有效性；风险状况及风险识别、计量、监控程序的适用性和有效性；信息系统规划设计、开发运行和管理维护的情况；会计记录和财务报告的准确性与可靠性；与风险相关的资本评估系统情况；机构运营绩效和管理人员履职情况等

（续）

其他风险控制部门	具体内容
法律/合规部门	主要是管理法律违规风险。与内部审计部门相似，法律/合规部门同样应独立于商业银行的经营管理活动，具有独立的报告路线、独立的调查权力以及独立的绩效考核 法律/合规部门主要承担以下职责：协助制定法律合规政策；适时修订规章制度和操作规程，使其符合法律与监管要求；开展法律合规培训和教育项目；关注、准确理解法律合规监管要求及最新发展，为高级管理层提供建议；参与商业银行的组织架构和业务流程再造；参与商业银行新产品服务开发，提供必要的法律合规测试、审核和支持 法律/合规部门的工作也需要接受内部审计部门的检查
外部监督机构	主要是监管部门、市场约束。监管部门对商业银行风险管理能力的评估主要包括以下四个方面：第一，董事会和高级管理层对银行所承担的风险是否实施有效监督；第二，银行是否制定了有效的政策、措施和规定来管理业务活动；第三，银行的风险识别、计量、检测和控制系统是否有效，是否全面涵盖各项业务和各类风险；第四，内部控制机制和审计工作能否及时识别银行内控存在的缺陷和不足

Chapter 9
第九章
银行安防和法律法规

作为一个现金交易量大且人员复杂的机构，银行必须有自己的一套安防系统。当我们进入大厅时，在门口位置会有一位安保人员负责维持程序；在大厅内部，尤其是办理业务的柜台，会有专门的摄像头进行监控；甚至于我们经常取钱的自动取款机上，也同样安置着摄像头。那银行的安防系统具体是怎样的？它又是如何运行的？银行又有哪些法律法规呢？本章将对以上内容进行详细介绍。

| 银行的安防系统 |

银行安全防范系统主要包括人防、物防和技防三个方面，如下图所示。人防是指对银行内部人员加强安全防范意识和防护手段，如对银行内部人员和保安进行定期的安全培训等；物防是指对建筑体本身进行的防护，如门窗部位增加护栏、重要部位安装防弹玻璃等；技防主要是指通过现代化的计算机电子技术，安装摄像机、报警探测器等进行防范。技防是银行安全防范系统中最重要的组成部分。

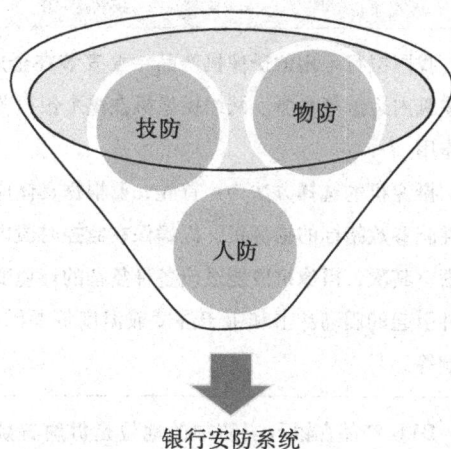

银行安防系统

一、银行安防系统的现状

在过去的几年里，根据中国人民银行和公安部的要求，国内各大国有银行和商业银行分别建立了视频监控系统、金库和自助银行门禁控制系统，以及与当地公安部门联网的报警系统，并逐步完成了大量的营业场所、自助银行、ATM 和金库等基层网点的数字视频化监控系统建设改造工作。

银行安防系统经过多年的应用已经趋于成熟，用户对系统的维护和售后服务要求更加严格。对于许多已经达到使用年限的设备，采取更换措施，并按照新的银行系统的技防标准重新设计、施工、验收。对于新开发的系统以及重新更换设计的系统，必须严格按照国家标准与各地方标准来进行方案评审和工程竣工验收，并对所有设备进行严格的检测认证，以确保银行的安全。

经过多年的努力，我国的银行安全防范技术和安全防范系统的应用水平都有了显著的提高。

二、银行安防系统的特点

由于我国银行系统结构复杂，下属部门较多，地域分布较广，需要将视频监控系统、报警系统和门禁系统整合到统一的管理平台。为此，银行在构建安防系统上，要求分成总行、支行、分理处和自助银行等多级管理模式，并以总行作为整个系统的网络中枢，分理处和自助银行等为三级网络结点，以便形成一个高效、安全、先进的远程网络监控体系。

具体而言，银行使用的安防系统呈现以下几个特点。

系统特点	具体内容
网络摄像机崭露头角	我国银行采用的摄像机产品主要安装在金库门、营业大厅、巡逻路径、建筑内运钞等场所。网络摄像机在整个银行监控系统中起到了举足轻重的作用 摄像机的选择方法为：首先，要根据具体应用环境和监控目标来选择高性能参数指标的摄像机，以确保在监控时段内画面色彩的真实还原和高清晰；其次，摄像机应能适应各种复杂的环境变化，诸如遇到特殊或意外事件引起的震动冲击和由于湿度或温度等原因而对摄像机正常工作造成影响等
DVR 应用趋于成熟	DVR 产品在银行安防中的地位是毋庸置疑的。经过多年的市场洗礼，嵌入式 DVR 的风头已经在银行安防系统中超过 PC 式 DVR，广受银行的推崇。它在稳定性、安全性和性价比上具有的独特优势，使其成为银行安防市场上的主导。从整体来看，DVR 在银行领域的应用已趋于成熟，它将普及到各大银行的众多营业网点
生物识别技术在银行安防应用中势头迅猛	传统的身份鉴定方法，诸如身份标识物品（如钥匙、证件、ATM 卡等）和身份标识（如用户名和密码），由于主要借助外物，一旦证明身份的标识物品被盗或遗忘，其身份就容易被他人冒充或取代。而生物识别技术具有不被遗忘、随身携带和随时随地可用的特点，所以它比传统的身份鉴定方法更具安全性、保密性和方便性 目前，生物识别技术已在银行安防中得到了广泛的应用。例如：银行通过指纹替代密码进行身份验证，能够为客户提供安全和便捷的存取款与消费手段，其系统可应用于柜面、ATM、自助转账及网上银行等指纹存取款、转账、查询以及商场、超市、宾馆、酒店等商业场所 POS 机指纹消费。随着生物识别技术的不断提高，它在银行安防的应用前景将十分广阔

三、 安全技术防范系统

安全防范广义地说是由物防、人防、技防三个部分组成，而在这三种防范手段中，技术防范起着举足轻重的作用。

安全技术防范系统是以维护社会公共安全为目的，结合运用技术防范产品与设施及相关的光电、电子、微机、网络等产品与设施所组成的光电系统。它主要包括电视监控、探测报警、出入口控制、楼宇对讲、保安巡更管理、车辆防盗与防劫以及人体安全防护等设备（如下图所示）。

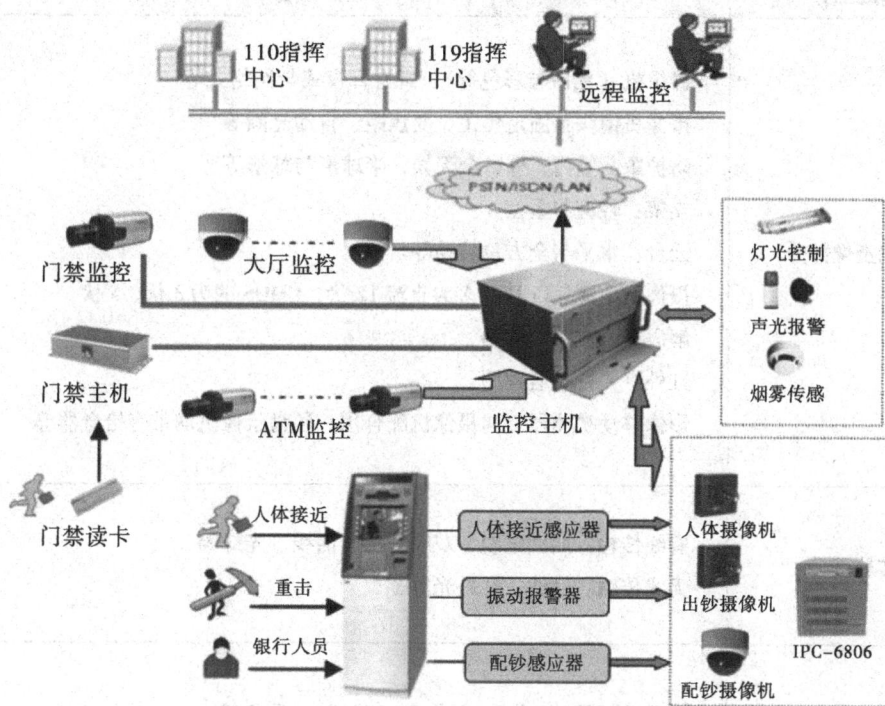

1. 安全技术防范系统的组成

安全技术防范一般由电视监控、探测报警、出入口控制（即门禁）三大部分组成。

（1）电视监控

所谓"电视监控"，即用闭路电视的方法对欲监视的场所进行图像的监视（含声音的监听），并控制图像的切换、分配、分割、跟踪、存储与报警等。

电视监控系统是安防体系中的一个重要组成部分，是一种先进的、防范能力极强的综合系统。它可以通过遥控摄像机直接观看被监控场所的一切情况，还可以把被监控场所的图像、声音同时传送到监控中心，并且记录存储下来，这为日后对某些事件的处理或公安局的破案提供了方便条件及重要依据。

目前，电视监控系统已由传统模拟式发展为数字式网络电视监控系统。其组成部分详见下表。

组成部分	具体内容
前端摄像部分	摄像机（黑白与彩色等）：现有日夜式与网络式等 摄像机镜头：固定焦距、变焦距、自动光圈等 防护罩：室内、外，全天候，半球形与球形等 支架：轻型与重型 云台：水平与全方位转动等 摄像机电源：CCD 的多为直流 12 伏，CMOS 的为 3 伏、5 伏 解码器：数字传输用 红外灯：夜晚监视用 影像移动探测器：同摄像机配合用，硬盘录像机均带有拾音器等
传输部分	有线传输：同轴电缆、双绞线、电话线、光纤等 无线传输：微波、红外光等
控制部分	各种分配器：1 分 2、1 分 4、1 分 6、1 分 8 等 各种切换器：2 切 1、4 切 1、6 切 1、8 切 1 等 多画面图像分割器：4 画面、9 画面、16 画面、32 画面等 矩阵切换主机：32 路输入、8 路输出以上 微机控制，通过视频卡输入的多媒体系统 硬盘录像机中的画面分割及切换系统等
终端显示记录部分	黑白与彩色监视器（CRT、LCD 等） 长时间磁带录像机，24 小时到 960 小时 硬盘录像机，包括磁盘、光盘等

（2）探测报警系统

探测报警系统是用来探测入侵者的移动或其他行动（如防火、防盗、防爆、防劫等）的报警系统。当系统运行时，只要有入侵者的行为出现，它就能发出报警信号。

探测报警系统的具体组成部分详见下表。

组成部分	具体内容
探测器	探测器是用来探测入侵者移动或其他动作的电子或机械部分组成的装置，一般包括以下几个部分 开关探测器：微动开关、门磁开关等 声探测器：说话、走动、打碎玻璃、锯钢筋等 红外探测器：被动式是指探测红外辐射变化，如人移动等；主动式即为对射式 微波探测器：微波多普勒探测，人进入微波场移动引起；还有对射式 震动探测器：入侵者引起地面、门窗、保险柜等震动 电磁感应探测器：如门把式等 温度探测器：需达到一定温度 烟雾探测器：需达到一定的烟雾浓度
传输部分	有线传输：双绞线、电话线、电缆、光缆等 无线传输：微波、红外光波等
控制器	控制器由信号处理器和报警装置组成 信号处理器：对传来的信号进行处理，判断有没有报警 报警装置：声（喇叭）、光（红色灯泡）等
报警中心	通常设在市、区的公安保卫部门。即将几个需要防范的小区联网到一个警戒中心，一旦出现危险情况，可以集中力量打击犯罪分子

（3）出入口控制（即门禁）系统

出入口控制系统即门禁系统，可使非法者不能通过。它同样在银行安防中发挥着重要的作用。

门禁系统可分为三个部分：① 前端信息采集部分，包括卡片式（即刷卡部分）、密码键盘和人体生物特征提取部分，如声音识别、签字识别、眼虹膜识别、掌形识别、指纹识别与面部识别等的采集；② 传输部分，有有线与无线传输之分；③ 识别处理与控制部分。

2. 安全技术防范系统的发展趋势

电视监控系统的飞速发展使安防系统更有效、更直观。日夜摄像机使安防系统实现全天候工作，摄像机的更加微型化和智能化使探测器更隐蔽。数字化的硬盘录像机代替了过去的多画面分割、控制主机与长延时磁带录像机等，使系统更加简单，并增加了视频移动探测报警，使远距离传输联网变得容易。

数字化系统的出现，不仅大大减少了系统的设备数量，使系统更加可靠，而且监控的范围也越来越大、距离也越来越远。探测信号用数字式的有线与无线传输，大大降低了施工过程中的布线工作量，并节约了材料和劳动力。

目前，几个分系统可构成一个综合的安防系统，它既有视频监视、入侵防盗、门禁控制的功能，又有防火、防爆和安全检查的功能。当某一被探测点发出报警信号时，它能自动向报警中心报警，而报警中心也能自动探知报警信号的性质、地点等。

安全技术防范系统的发展趋势是数字化、网络化、智能化。显然，要想网络化必先数字化，而要想系统真正智能化，必须网络化。通过下表我们可以了解其发展趋势。

发展趋势	具体内容	
安全技术防范系统的数字化	数字信号具有频谱效率高、抗干扰性强、失真小等优点，可使传统的安全技术防范系统在图像数字化技术的基础上逐步转为以图像探测和数字图像处理为核心，并利用数字图像压缩技术和调制解调制技术远程传输动态图像 安全技术防范系统数字化的真正标志，应是系统中的视频、音频、控制与数据等信息流从模拟转换为数字。这样才能从本质上改变安全技术防范系统信息采集、数据传输、处理和系统控制等的方式和结构形态，实现安全技术防范系统中的各种技术设备和子系统间的无缝连接，从而能在统一的操作平台上实现管理和控制，为安全技术防范系统的网络化打下坚实的基础	
安全技术防范系统的网络化	采用网络技术的系统设计	这种构成方式的主要表现是安全技术防范系统的结构由集总式向集散式系统过渡 集散式系统采用多层分级的结构形式，它具有微内核技术的实时多任务、多用户及分布式操作系统，从而可实现抢先任务调度算法的快速响应 一般构成集散式安全技术防范系统的硬件和软件均采用标准化、模块化和系统化的设计，这样有利于合理的设备配置和充分的资源共享，使安全技术防范系统实现各子系统的真正意义上的集成，在一个操作平台上进行系统的管理和控制 这种构成方式是安全技术防范系统结构的一个发展方向，而这个方向也可促进安全防范技术与其他技术之间的融合，促进安全技术防范系统与其他系统之间的融合和集成，如安全技术防范系统与三表管理、有线电视、通信及信息系统的融合和集成等

（续）

发展趋势		具体内容
安全技术防范系统的网络化	利用网络构成系统	这种构成方式是指利用公共信息网络来构成安全技术防范系统，即利用公共信息网络可随时随地建立一个专用的安全技术防范系统，并可随时随地改变和撤销它 这种构成方式也预示着安全技术防范系统将发生巨大的变革，它使安全技术防范系统由封闭结构向开放结构转化，使系统由固定设置向自由生成的方向发展
安全技术防范系统的智能化		智能化实际上是一个与时俱进的概念，它在不同的时期和不同的技术条件下具有不同的含义 作为安全技术防范系统的智能化，目前应是实现真实的探测，并实现图像信息和各种特征的自动识别，如视频移动探测，车辆与车牌的识别，人与物异常行为的探测与识别等，并使系统的联动机构和相关系统之间能准确、可靠、有效、协调地动作 安全技术防范系统的智能化要求必须采用人性化的设计，即系统具有模仿人的思维方法的分析和判断功能。比如，对于探测报警系统，并不只是简单地探测环境物理量和状态的变化，而是还要分析时间、频率、频度、次序、空间分布等各种探测数据之间的关系，再做出是否报警的判断；又比如，对于运动探测中的自适应系统，也不是简单地设定一个阈值，而是在把各种环境因素综合起来考虑的基础上，对目标进行分析 实际上，以目标分析为基础的探测是直接对目标进行识别与跟踪的技术，它以图像特征识别技术为基础。未来的安防系统，应是在网络化的基础上使整个网络系统硬件和软件资源共享，以及任务和负载共享，从而实现真正意义上的集成与智能，能真正做到防患于未然

四、 银行安防的监控系统

银行属于国家的重点安全防范单位。它具有规模多样、重要设施繁多、出入人员复杂、管理涉及领域广泛等特点。作为当今社会货币的主要流通场所、国家经济运作的重要环节，其业务涉及大量的现金、有价证券及贵重物品。其财富集中、流动性强的特点使之成为某些极端犯罪分子恶意侵害的主要目标。因此，必须建立一套切实有效的安防监控系统，对银行的各个业务区域进行监控。

1. 监控系统的应用特点

银行监控系统有特定的应用特点，简单概括起来可以将其分为以下三类。

应用特点	具体内容
单位分布较广，部门较多，网络环境复杂	从一个城市的角度来看，银行网点分布较广。同时，原有业务系统网络环境复杂，银行内部网络目前在广域网连接上大多数采用运营商的专用线路。在银行网络的数据链路层主要采用 HDLC、PPP、ATM、帧中继、CPOS、MSTP 等通用协议，在网络层主要采用 IP 协议。复杂的网络环境对监控系统的网络适应性提出了较高的要求
具有比较高的报警联动需求	银行在开展业务时，对安全性的要求较高。在银行营业网点以及各部门中大量设置了门磁、红外、烟感、玻璃破碎器等各种类型的报警探头，同时也有与公安系统联动的报警触发装置以保证银行各时段的安全
对图像效果要求较高	银行业务牵涉到金融交易，在进行视频监控时，对视频图像的成像效果要求较高，低劣的图像质量无法满足应对出现业务纠纷、现场犯罪等情况的录像取证需求

2. 监控系统的分类

银行的监控系统可以分为四种：柜台监控、营业场所监控、自动柜员机监控和内部重要场所监控（如下图所示）。

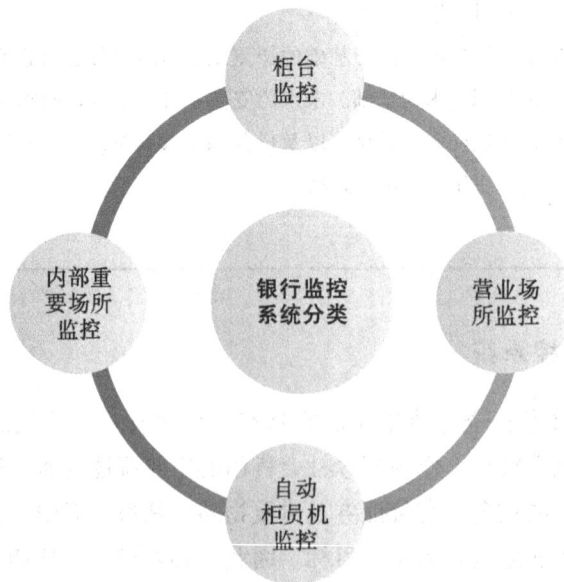

分类	具体内容
柜台监控	柜台监控的对象主要是柜台业务操作人员以及交易人员。一般来讲,监控效果需要比较清晰地反映柜台操作人员的操作情况以及相对应交易人的外貌特征,有效防止业务纠纷以及抢劫犯罪,一旦出现上述状况则需要通过监控系统调取录像进行取证以获得第一手现场资料
营业场所监控	营业场所监控的主要对象是银行交易大厅、出入口的人员活动情况。这一方面对银行营业状态、人流情况有比较好的监控效果,另一方面也对人员活动情况、路线有比较直观的监控效果
自动柜员机监控	自动柜员机由于无人值守,除了监控 ATM 人员操作情况外,还要对诸如监控图像被遮挡、柜员机设备异常等情况进行报警
内部重要场所监控	除了营业环境外,银行内部如金库、数据中心等重要场所,也应纳入银行视频监控系统环境之中

3. 监控系统发展中的问题

随着时代的发展和科技的进步,监控系统在发展中也逐渐产生了一些问题,具体内容如下表所示。

问题	具体内容
监控系统从模拟向数字高清升级、扩建的普遍兼容性问题	由于银行监控系统普遍建设较早,多数采用模拟监控。在进行系统数字化升级、扩容时,原有监控系统的整合具有原有设备类型、型号复杂的特点,往往在同一个营业网点会同时出现模拟摄像机 + 板卡式 DVR、模拟摄像机 + 嵌入式 DVR、模拟摄像机 + 视频服务器、数字摄像机、高清数字摄像机并存的情况。在进行建设时,需要充分考虑新建平台的设备兼容性
现有网络环境无法满足高清视频数据传输需求	银行监控系统的视频统一平台建设趋势明显,同时高清晰视频监控趋势明显。银行内部网络环境复杂,同时又要求视频系统数据传输时不能影响到业务系统的运行,带宽有限,因此,在高清视频环境下,目前银行系统各分支机构之间的内部网络环境很难满足数据传输需求
无人值守智能监控的灵敏性和准确性有待提高	智能系统目前而言只是一个趋势,整个监控行业智能化处理依然存在报警灵敏性不足、准确率较低的问题,应用能力有待提高,在目前的技术条件下没有主流应用

4. 监控系统的发展趋势

基于当前社会的发展和人们生活方式的变化，银行监控系统有以下四大发展趋势。

发展趋势	具体内容
各个银行越来越需要集中管理，数字化趋势明显	传统的银行视频监控系统建设主要是分营业地点分别建设，每个分行、支行、营业网点分别建立监控中心。这给统一管理、设备维护、事后取证等带来麻烦。目前，越来越多的银行开始建设统一管理系统，数字化趋势十分明显
对本地浏览图像效果的要求越来越高	由于银行环境的特殊性，其对柜台操作、交易对象、往来人群的监控图像要求越来越高，已从最初的 GIF 图像效果提高到 D1 图像效果 随着数字监控系统的渐渐普及，近年来百万像素图像乃至高清图像的需求也越来越多。银行监控不光要"看得到"，而且越来越要求"看得清"
进行取证时对图像效果的要求越来越高	传统监控系统为了实现监控效果和录像存储空间的平衡，采用的"双码流"工作方式，一般是采用高分辨率视频浏览，低分辨率视频存储。这样的方式给取证带来了比较多的困扰——经常可以看到取证的图像中，交易对象脸部特征一片模糊，只能分辨出对象的发型、服装颜色等基本特征——越来越不能满足取证的需求 随着存储设备和存储介质的成本越来越低，大容量存储技术渐渐应用到数字监控系统中，银行监控也慢慢转向"低看高录"的业务模式，在实时视频监看特别是在远程实时视频监看时对图像质量要求不高（只要求能看到"事情发生"），而进行取证（录像调看）时，对图像质量要求较高（调看录像时要"看得清"）
ATM 监控的智能化趋势	由于 ATM 设备分布比营业网点分布范围更广，基本无法实现人员值守，这对 ATM 设备的监控提出了一些智能应用需求，如设备附近人员徘徊报警、人员聚集报警、操作人员的人脸识别等

银行业法律法规

银行业相关法律法规由银行业监管及反洗钱法律规定、银行主要业务法律规定、民商事法律基本规定、金融犯罪及刑事责任四部分组成。下面对银行业监管及反洗钱法律规定进行详细介绍。

一、《中华人民共和国中国人民银行法》相关规定

1995 年 3 月 18 日，第八届全国人民代表大会第三次会议正式通过了《中华人民共和国中国人民银行法》（以下简称《中国人民银行法》），并于通过之日公布实施。2003 年 12 月 27 日，第十届全国人民代表大会常务委员会第六次会议审议通过了《关于修改〈中华人民共和国中国人民银行法〉的决定》，对《中国人民银行法》进行修改。

就监督管理部分而言，此次《中国人民银行法》修订的重点是将原属于中国人民银行履行的对银行业的监督管理职能划分出来，移交给新成立的银行业监督管理机构；中国人民银行不再直接审批、监管金融机构，而主要专注于货币政策的制定和执行，维护币值的稳定以及对金融市场进行宏观调控，促进金融市场的繁荣发展。

中国人民银行相关监管权力如下表所示。

监管权力	具体内容
中国人民银行的直接检查监督权	银行业金融机构的监管职责主要由银监会行使后，中国人民银行主要负责金融宏观调控，但为了实施货币政策和维护金融稳定，中国人民银行仍保留部分监管职责。《中国人民银行法》第三十二条规定，中国人民银行有权对金融机构以及其他单位和个人的下列行为进行检查监督： 执行有关存款准备金管理规定的行为 与中国人民银行特种贷款有关的行为 执行有关人民币管理规定的行为 执行有关银行间同业拆借市场、银行间债券市场管理规定的行为 执行有关外汇管理规定的行为 执行有关黄金管理规定的行为 代理中国人民银行经理国库的行为 执行有关清算管理规定的行为 执行有关反洗钱规定的行为

(续)

监管权力	具体内容
中国人民银行的建议检查监督权	《中国人民银行法》第三十三条规定,中国人民银行根据执行货币政策和维护金融稳定的需要,可以建议国务院银行业监督管理机构对银行金融机构进行检查监督。国务院银行业监督管理机构应当自收到建议之日起三十日内予以回复。这是提高效率的一种制度性安排
中国人民银行在特定情况下的检查监督权	《中国人民银行法》第三十四条规定,当银行业金融机构出现支付困难,可能引发金融风险时,为了维护金融稳定,中国人民银行经国务院批准,有权对银行业金融机构进行检查监督 《中国人民银行法》第三十五条规定,中国人民银行根据履行职责的需要,有权要求银行业金融机构报送必要的资产负债表、利润表以及其他财务会计、统计报表和资料 应当注意的是,中国人民银行和国务院银行业监督管理机构同时拥有对银行业金融机构的检查监督权,这并不会导致对银行业金融机构的双重检查和双重处罚,因为银行业监管部门对银行业金融机构具有的机构监管权并不排斥中国人民银行对金融机构的功能监管权,并且两者的划分在现实操作中非常清晰

二、《中华人民共和国银行业监督管理法》相关规定

为加强对银行业的监督管理,规范监督管理行为,防范和化解银行业风险,保护存款人和其他客户的合法权益,促进银行业健康发展,2003 年 12 月 27 日第十届全国人民代表大会常务委员会第六次会议通过了《中华人民共和国银行业监督管理法》,该法自 2004 年 2 月 1 日起施行。

2006 年 10 月 31 日,第十届全国人民代表大会常务委员会第二十四次会议通过了《关于修改〈中华人民共和国银行业监督管理法〉的决定》,对银行业监管机构调查权及法律责任等相关内容作了规定。修改后的《银行业监督管理法》从 2007 年 1 月 1 日起施行。

《银行业监督管理法》赋予银监会及其派出机构进行非现场监管、现场检查、监督管理谈话及强制信息披露的权力。这些监督管理措施与行业自律及公众监督共同构筑起银行业监管的完整体系。

1. 关于违反审慎经营规则的监管措施

《银行业监督管理法》第三十七条规定,银行业金融机构违反审慎经营规则的,国务院银行业监督管理机构或者其省一级派出机构应当责令限期改正;逾期未改正的,或者其行为严重危及该银行业金融机构的稳健运行、损害存款人和其他客户合法权益的,经国务院银行业监督管理机构或者其省一级派出机构负责人批准,可以区别情形,采取下列

措施：

（一）责令暂停部分业务、停止批准开办新业务；

（二）限制分配红利和其他收入；

（三）限制资产转让；

（四）责令控股股东转让股权或者限制有关股东的权利；

（五）责令调整董事、高级管理人员或者限制其权利；

（六）停止批准增设分支机构。

银行业金融机构整改后，应当向国务院银行业监督管理机构或者其省一级派出机构提交报告。国务院银行业监督管理机构或者其省一级派出机构经验收，符合有关审慎经营规则的，应当自验收完毕之日起三日内解除对其采取的前款规定的有关措施。

2. 关于银行业金融机构的接管、重组、撤销和依法宣告破产的监管措施

《银行业监督管理法》第三十八条规定，银行业金融机构已经或者可能发生信用危机，严重影响存款人和其他客户合法权益的，国务院银行业监督管理机构可以依法对该银行业金融机构实行接管或者促成机构重组，接管和机构重组依照有关法律和国务院的规定执行。

《银行业监督管理法》第三十九条规定，银行业金融机构有违法经营、经营管理不善等情形，不予撤销将严重危害金融秩序、损害公众利益的，国务院银行业监督管理机构有权予以撤销。

按照《银行业监督管理法》的规定，对发生风险的银行业金融机构进行处置的方式主要有接管、重组、撤销和依法宣告破产，其具体内容如下表所示。

处置方式	具体内容
接管	银行业金融机构的接管是指国务院银行业监督管理机构在银行业金融机构已经或可能发生信用危机，严重影响存款人利益的情况下，对该银行采取的整顿和改组措施 《商业银行法》第六十四条规定："商业银行已经或者可能发生信用危机，严重影响存款人的利益时，国务院银行业监督管理机构可以对该银行实行接管。"接管期限最长不得超过两年 接管是国务院银行业监督管理机构依法保护银行业金融机构经营安全、合法性的一项预防性拯救措施。接管的目的是对被接管的银行业金融机构采取必要措施，以保护存款人的利益，恢复银行业金融机构的正常经营能力

（续）

处置方式	具体内容
重组	重组是指通过一定的法律程序，按照具体的重组方案（或重组计划），通过合并、兼并收购、购买与承接等方式，改变银行业金融机构的资本结构，合理解决债务，以便使银行业金融机构摆脱其所面临的财务困难，并继续经营而采取的法律措施 重组的目的是对被重组的银行业金融机构采取对银行业体系冲击较小的市场退出方式，以此维护市场信心与秩序，保护存款人等债权人的利益。对于重组失败的，国务院银行业监督管理机构可以决定终止重组，而由人民法院按照法律规定的程序依法宣告破产
撤销	撤销是指监管部门对经其批准设立的具有法人资格的金融机构依法采取的终止其法人资格的行政强制措施 《银行业监督管理法》第三十九条规定："银行业金融机构有违法经营、经营管理不善等情形，不予撤销将严重危害金融秩序、损害社会公众利益的，国务院银行业监督管理机构有权予以撤销。"国务院发布的《金融机构撤销条例》中也有相同的规定 另外，《银行业监督管理法》第四十条规定："银行业金融机构被接管、重组或者被撤销的，国务院银行业监督管理机构有权要求该银行业金融机构的董事、高级管理人员和其他工作人员，按照国务院银行业监督管理机构的要求履行职责。在接管、机构重组或者撤销清算期间，经国务院银行业监督管理机构负责人批准，对直接负责的董事、高级管理人员和其他直接责任人员，可以采取下列措施：（一）直接负责的董事、高级管理人员和其他直接责任人员出境将对国家利益造成重大损失的，通知出境管理机关依法阻止其出境；（二）申请司法机关禁止其转移、转让财产或者对其财产设定其他权利"
依法宣告破产	《中华人民共和国企业破产法》（以下简称《企业破产法》）第二条第一款规定："企业法人不能清偿到期债务，并且资产不足以清偿全部债务或者明显缺乏清偿能力的，依照本法规定清理债务" 该法第二条第二款规定："企业法人有前款规定情形，或者有明显丧失清偿能力可能的，可以依照本法规定进行重整" 银行业金融机构的破产是指银行业金融机构符合《企业破产法》第二条规定的情形，经国务院金融监督管理机构向人民法院提出对该金融机构进行破产清算的申请后，被人民法院依法宣告破产的法律行为

3. 其他监督管理措施

其他监督措施包括以下四个方面。

监管措施	具体内容
对与涉嫌违法事项相关的单位和个人进行调查	2006 年的《银行业监督管理法》修正案增加了第四十二条，规定银行业监督管理机构依法对银行业金融机构进行检查时，经设区的市一级以上银行业监督管理机构负责人批准，可以对与涉嫌违法事项有关的单位和个人采取下列措施：（一）询问有关单位或者个人，要求其对有关情况作出说明；（二）查阅、复制有关财务会计、财产权登记等文件、资料；（三）对可能被转移、隐匿、毁损或者伪造的文件、资料，予以先行登记保存。对依法采取的措施，有关单位和个人应当配合，如实说明有关情况并提供有关文件、资料，不得拒绝、阻碍和隐瞒 该条所规定的"与涉嫌违法事项有关的单位和个人"主要包括两类：与银行业金融机构业务关联紧密的民事主体，通常是银行业金融机构的客户、股东、实际控制人等关联主体；为银行业金融机构提供产品和服务的企业、市场中介机构和专业人士等
审慎性监督管理谈话	《银行业监督管理法》第三十五条规定："银行业监督管理机构根据履行职责的需要，可以与银行业金融机构董事、高级管理人员进行监督管理谈话，要求银行业金融机构董事、高级管理人员就银行业金融机构的业务活动和风险管理的重大事项作出说明" 监管谈话是指监管人员为了解银行业金融机构的经营状况、风险状况和发展趋势而与其董事、高级管理人员进行谈话，其作用是使监管人员与被监管的银行业金融机构保持持续不断的沟通，及时了解其经营状况、风险状况，并预测发展趋势，以便继续跟踪监管，提高监管效率 建立此制度有助于确保监督部门能与银行业金融机构董事会或高级管理人员进行严肃认真的监管谈话，并及时全面地了解银行业金融机构的经营管理现状 监管部门有权根据监管需要和银行业金融机构经营状况，随时向银行业金融机构提出谈话要求。进行监管谈话并不意味着银行业金融机构一定存在经营问题，即使不存在任何问题，监管机构也有权要求谈话了解状况 此外，监管机构有权决定与某一银行业金融机构所有董事会成员谈话，可以选择其中一位或多位董事谈话，可以与高级管理人员单独谈话，也可与董事和高级管理人员一起谈话。在谈话中，被要求参加的董事、高级管理人员有义务准时到会并如实地对相关业务情况和风险管理等重大事项做出说明

（续）

监管措施	具体内容
强制风险披露	《银行业监督管理法》第三十六条规定："银行业监督管理机构应当责令银行业金融机构按照规定，如实向社会公众披露财务会计报告、风险管理状况、董事和高级管理人员变更以及其他重大事项等信息" 《巴塞尔新资本协议》将市场约束与最低监管资本要求和资本充足率监督检查并列为资本监管的新三大支柱，世界上很多国家和地区据此加强信息披露要求 与政府对银行业金融机构的外部监管行为不同，市场对银行业金融机构的激励约束作用是通过投资者、存款人和相关利益者的行为发挥作用的 银行业金融机构的信息披露使投资者、存款人和相关利益者能真实、准确、及时、完整地了解其财务状况、风险管理状况、董事和高级管理人员变更以及其他重大事项等信息，以便他们从自身利益角度出发，做出相应的反应，这些行为反过来会激励约束银行业金融机构完善法人治理结构，加强风险管理和内部控制，提高经营管理和盈利能力
查询涉嫌违法账户和申请司法机关冻结有关涉嫌违法资金	《银行业监督管理法》第四十一条规定："经国务院银行业监督管理机构或者其省一级派出机构负责人批准，银行业监督管理机构有权查询涉嫌金融违法的银行业金融机构及其工作人员以及关联行为人的账户；对涉嫌转移或者隐匿违法资金的，经银行业监督管理机构负责人批准，可以申请司法机关予以冻结"

三、 违反有关法律规定的法律责任

违反有关法律规定的法律责任形式包括追究刑事责任、给予行政处罚和行政处分等。

1. 刑事责任

刑事责任是指由《中华人民共和国刑法》（以下简称《刑法》）规定的，对触犯《刑法》犯罪的自然人或单位适用的刑事制裁措施，包括管制、拘役、有期徒刑、无期徒刑、死刑以及罚金、剥夺政治权利、没收财产等刑罚。行政机关在处理违法行为时，发现可能涉嫌犯罪的，应按照《行政执法机关移送涉嫌犯罪案件的规定》移送公安机关。

2. 行政处罚

行政处罚是国家行政机关对犯有轻微违法行为，尚不构成犯罪的公民、法人或其他组织的一种法律制裁，是追究法律责任的形式之一。行政处罚的种类包括警告、罚款、责令停产停业、暂扣或者吊销许可证、暂扣或者吊销执照、行政拘留以及法律和行政法规规定的其他行政处罚。

3. 行政处分

行政处分是指国家行政机关对国家公务员和国家行政机关任命的其他人员违反行政纪律的行为给予的行政制裁措施。根据《中华人民共和国行政监察法》和《中华人民共和国公务员法》的规定，行政处分分为警告、记过、记大过、降级、撤职、开除。行政处分必须依照法定程序，在规定的时限内做出处理决定。给予国家公务人员和国家行政机关任命的其他人员行政处分，依法分别由任免机关或行政监察机关决定。

《银行业监督管理法》中相关违法行为的处罚措施如下表所示。

处罚措施	具体内容
对从事监督管理工作人员的处罚措施	《银行业监督管理法》第四十三条规定："银行业监督管理机构从事监督管理工作的人员有下列情形之一的，依法给予行政处分；构成犯罪的，依法追究刑事责任：（一）违反规定审查批准银行业金融机构的设立、变更、终止，以及业务范围和业务范围内的业务品种的；（二）违反规定对银行业金融机构进行现场检查的；（三）未依照本法第二十八条规定报告突发事件的；（四）违反规定查询账户或者申请冻结资金的；（五）违反规定对银行业金融机构采取措施或者处罚的；（六）违反本法第四十二条规定对有关单位或者个人进行调查的；（七）滥用职权、玩忽职守的其他行为。银行业监督管理机构从事监督管理工作的人员贪污受贿，泄露国家秘密、商业秘密和个人隐私，构成犯罪的，依法追究刑事责任；尚不构成犯罪的，依法给予行政处分"
对擅自设立银行业金融机构或者非法从事银行业金融机构的业务活动的单位和个人的处罚措施	《银行业监督管理法》第四十四条规定："擅自设立银行业金融机构或者非法从事银行业金融机构的业务活动的，由国务院银行业监督管理机构予以取缔；构成犯罪的，依法追究刑事责任；尚不构成犯罪的，由国务院银行业监督管理机构没收违法所得，违法所得五十万元以上的，并处违法所得一倍以上五倍以下罚款；没有违法所得或者违法所得不足五十万元的，处五十万元以上二百万元以下罚款"

（续）

处罚措施	具体内容
对银行业金融机构的处罚措施	《银行业监督管理法》第四十五条规定："银行业金融机构有下列情形之一，由国务院银行业监督管理机构责令改正，有违法所得的，没收违法所得，违法所得五十万元以上的，并处违法所得一倍以上五倍以下罚款；没有违法所得或者违法所得不足五十万元的，处五十万元以上二百万元以下罚款；情节特别严重或者逾期不改正的，可以责令停业整顿或者吊销其经营许可证；构成犯罪的，依法追究刑事责任：（一）未经批准设立分支机构的；（二）未经批准变更、终止的；（三）违反规定从事未经批准或者未备案的业务活动的；（四）违反规定提高或者降低存款利率、贷款利率的" 《银行业监督管理法》第四十六条规定："银行业金融机构有下列情形之一，由国务院银行业监督管理机构责令改正，并处二十万元以上五十万元以下罚款；情节特别严重或者逾期不改正的，可以责令停业整顿或者吊销其经营许可证；构成犯罪的，依法追究刑事责任：（一）未经任职资格审查任命董事、高级管理人员的；（二）拒绝或者阻碍非现场监管或者现场检查的；（三）提供虚假的或者隐瞒重要事实的报表、报告等文件、资料的；（四）未按照规定进行信息披露的；（五）严重违反审慎经营规则的；（六）拒绝执行本法第三十七条规定的措施的"

（四）、反洗钱法律制度

洗钱是指为了掩饰犯罪收益的真实来源和存在，通过各种手段使犯罪收益表面合法化的行为。犯罪收益通常被称为"赃钱""黑钱"，对犯罪收益进行清洗并使之披上合法外衣的行为被人们形象地称为"洗钱"。

洗钱的过程通常被分为三个阶段：处置阶段、培植阶段、融合阶段。每个阶段都各有其目的及形态，洗钱者交错运用不同的方法，以达到洗钱的目的。

1. 洗钱的常见方式

洗钱是一种违法行为，所以为了达到目的，洗钱者通常会采用许多隐晦的方法来洗钱，常见方式见下表。

常见方式	具体内容
借用金融机构	洗钱者借用金融机构洗钱的方法包括匿名存储、利用银行贷款掩饰犯罪收益、控制银行和其他金融机构
藏身于保密天堂	被称为保密天堂的国家和地区一般具有以下特征：一是有严格的银行保密法，除了例外的情况，披露客户的账户构成刑事犯罪；二是有宽松的金融规则，建立金融机构几乎没有限制；三是有自由的公司法和严格的公司保密法。这些国家和地区允许建立空壳公司、信箱公司等不具名公司，并且因为受到银行保密法和公司保密法的庇护，了解这些公司的真实面目极其困难。较为典型的国家和地区有瑞士、开曼群岛、巴拿马、巴哈马
使用空壳公司	空壳公司也称为被提名人公司，一般是指为匿名的公司所有权人提供的一种公司结构，这种公司是被提名董事和持票人所享有的所有权结合的产物。被提名人往往是为收取一定管理费而根据外国律师的指令登记成立公司的当地人。被提名人对公司的真实所有人一无所知。空壳公司的上述特点特别有利于掩饰犯罪收益和犯罪人的需要。空壳公司在一些保密天堂发展得很快
利用现金密集行业	由于银行现金交易报告制度的限制，大量现金存入银行容易引起怀疑，越来越多的洗钱者开始利用现金密集行业进行洗钱，他们以赌场、娱乐场所、酒吧、金银首饰店做掩护，通过虚假的交易将犯罪收益宣布为经营的合法收入
伪造商业票据	洗钱者首先将犯罪收益存入甲国银行，并用其购买信用证，该信用证用于某项虚构的从乙国到甲国的商品进口交易，然后用伪造的提货单在乙国的银行兑现。有时犯罪者也利用一些真实的商业交易来隐瞒或掩饰犯罪收益，但在数量和价格上做文章
走私	洗钱者将现金通过种种方式偷运到其他的国家，由其他的洗钱者对偷运的现金进行处理。除了现金走私外，洗钱者还通过贵金属或艺术品的走私来清洗犯罪收益
利用犯罪所得直接购置不动产和动产	如直接购买别墅、飞机、金融债券等，然后再在转卖中套取货币现金存入银行，逐渐演变成合法的货币资金

（续）

常见方式	具体内容
通过证券和保险业洗钱	在世界经济全球化和现代化计算机网络等高新技术支持的条件下，巨额金融交易瞬间就可以在全球范围内完成，一些洗钱者看中证券市场股价变化较大且交易难以被调查的特点，利用国际证券市场进行洗钱。还有一些洗钱者在保险市场购买高额保险，然后再以折扣方式低价赎回，中间的差价则是通过保险公司"净化"的钱

2.《中华人民共和国反洗钱法》

为了预防洗钱活动，维护金融秩序，遏制洗钱犯罪及相关犯罪，2006 年 10 月 31 日第十届全国人民代表大会常务委员会第二十四次会议审议通过了《中华人民共和国反洗钱法》（以下简称《反洗钱法》），该法共七章三十七条，自 2007 年 1 月 1 日起施行。其具体内容详见下表。

项目	具体内容
《反洗钱法》的主要内容	规定国务院反洗钱行政主管部门负责全国的反洗钱监督管理工作，明确国务院反洗钱行政主管部门和国务院有关部门、机构的反洗钱职责分工 明确应履行反洗钱义务的金融机构的范围及其具体的反洗钱义务 规定反洗钱调查措施的行使条件、主体、批准程序和期限 规定开展反洗钱国际合作的基本原则 明确违反《反洗钱法》应承担的法律责任，包括反洗钱行政主管部门以及其他依法负有反洗钱监督管理职责的部门、机构从事反洗钱工作的人员的法律责任和金融机构及其直接负责的董事、高级管理人员、直接责任人员的法律责任
中国人民银行的反洗钱职责	组织协调全国的反洗钱工作，负责反洗钱资金监测 制定或者会同国务院有关金融监督管理机构制定金融机构反洗钱规章 监督、检查金融机构履行反洗钱义务的情况 在职责范围内调查可疑交易活动 接受单位和个人对洗钱活动的举报 向侦查机关报告涉嫌洗钱犯罪的交易活动 向国务院有关部门、机构定期通报反洗钱工作情况 根据国务院授权，代表中国政府与外国政府和有关国际组织开展反洗钱合作 法律和国务院规定的有关反洗钱的其他职责

（续）

项目	具体内容
国务院金融监督管理机构的反洗钱职责	参与制定所监督管理的金融机构反洗钱规章 对所监督管理的金融机构提出按照规定建立健全反洗钱内部控制制度的要求 发现涉嫌洗钱犯罪的交易活动及时向公安机关报告 审查新设金融机构或者金融机构增设分支机构的反洗钱内部控制制度方案，对于不符合《反洗钱法》规定的设立申请，不予批准 法律和国务院规定的有关反洗钱的其他职责

除了上述机构外，我国金融机构也必须履行反洗钱义务。在我国境内设立的金融机构和按照规定应当履行反洗钱义务的特定非金融机构，应当依法采取预防、监控措施，建立健全客户身份识别制度、客户身份资料和交易记录保存制度、大额交易和可疑交易报告制度，履行反洗钱义务。其具体内容如下表所示。

履行义务	具体内容
健全反洗钱内控制度	金融机构应当依照本法规定建立健全反洗钱内部控制制度，金融机构的负责人应当对反洗钱内部控制制度的有效实施负责。金融机构应当设立反洗钱专门机构或者指定内设机构负责反洗钱工作
建立客户身份识别制度	金融机构在与客户建立业务关系或者为客户提供规定金额以上的现金汇款、现钞兑换、票据兑付等一次性金融服务时，应当要求客户出示真实有效的身份证件或者其他身份证明文件，进行核对并登记
	客户由他人代理办理业务的，金融机构应当同时对代理人和被代理人的身份证件或者其他身份证明文件进行核对并登记。与客户建立人身保险、信托等业务关系，合同的受益人不是客户本人的，金融机构还应当对受益人的身份证件或者其他身份证明文件进行核对并登记
	金融机构不得为身份不明的客户提供服务或者与其进行交易，不得为客户开立匿名账户或者假名账户。金融机构对先前获得的客户身份资料的真实性、有效性或者完整性有疑问的，应当重新识别客户身份

（续）

履行义务	具体内容
建立客户身份识别制度	任何单位和个人在与金融机构建立业务关系或者要求金融机构为其提供一次性金融服务时，都应当提供真实有效的身份证件或者其他身份证明文件
	金融机构通过第三方识别客户身份的，应当确保第三方已经采取符合本法要求的客户身份识别措施；第三方未采取符合本法要求的客户身份识别措施的，由该金融机构承担未履行客户身份识别义务的责任
金融机构应当按照规定建立客户身份资料和交易记录保存制度	在业务关系存续期间，客户身份资料发生变更的，应当及时更新客户身份资料。客户身份资料在业务关系结束后、客户交易信息在交易结束后，应当至少保存五年
执行大额交易和可疑交易报告制度	金融机构办理的单笔交易或者在规定期限内的累计交易超过规定金额或者发现可疑交易的，应当及时向反洗钱信息中心报告
开展培训和宣传活动	金融机构应当按照反洗钱预防、监控制度的要求，开展反洗钱培训和宣传工作

3. 《金融机构反洗钱规定》

为防止违法犯罪分子利用金融机构从事洗钱活动，维护金融秩序，根据《反洗钱法》《中国人民银行法》等法律规定，2006 年 11 月 6 日中国人民银行第二十五次行长办公会议通过了《金融机构反洗钱规定》，该规定共二十七条，自 2007 年 1 月 1 日起施行。

第三条　中国人民银行是国务院反洗钱行政主管部门，依法对金融机构的反洗钱工作进行监督管理。中国银行业监督管理委员会、中国证券监督管理委员会、中国保险监督管理委员会在各自的职责范围内履行反洗钱监督管理职责。

中国人民银行在履行反洗钱职责过程中，应当与国务院有关部门、机构和司法机关相互配合。中国人民银行根据国务院授权代表中国政府开展反洗钱国际合作。

第四条　中国人民银行可以和其他国家或者地区的反洗钱机构建立合作机制，实施跨境反洗钱监督管理。

第六条　中国人民银行设立中国反洗钱监测分析中心,依法履行下列职责:

(一) 接收并分析人民币、外币大额交易和可疑交易报告;

(二) 建立国家反洗钱数据库,妥善保存金融机构提交的大额交易和可疑交易报告信息;

(三) 按照规定向中国人民银行报告分析结果;

(四) 要求金融机构及时补正人民币、外币大额交易和可疑交易报告;

(五) 经中国人民银行批准,与境外有关机构交换信息、资料;

(六) 中国人民银行规定的其他职责。

个 人 篇

　　银行是通过存款、贷款、汇兑、储蓄等业务，承担信用中介的金融机构。那么银行有哪些部门？它们的职责是什么？银行员工的收入如何？新员工要进行哪些培训？银行是如何进行校园招聘的？进入银行工作需要获得什么资格证书？本篇将对以上内容进行详细介绍。

第十章
银行的组织结构

组织结构是企业的流程运转、部门设置及职能规划等最基本的结构依据。那么我国的银行组织结构模式有哪些？现代信息技术对我国银行组织结构有什么影响？银行具体有哪些部门？这些部门的职责是什么？本章将对上述问题一一进行解答。

│ 银行组织结构概述 │

一、 银行的组织层次

现代商业银行一般都是按照公司治理形式组建的股份制企业，其内部组织结构通常由决策、执行和监督三个组织层次构成（如下图所示）。

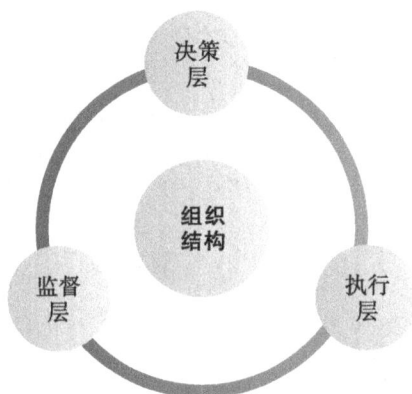

其中，决策层由股东大会、董事会以及董事会下设的有关委员会组成，执行层由总经理（或行长）及其所领导的有关职能部门组成，监督层则由监事会、总稽核以及董事会下设的各种检查委员会组成。其具体内容如下表所示。

组织层次	具体内容
决策层	**股东大会**：是股份制商业银行的最高权力机构，是股东们参与银行的经营管理等决策的途径。由于各国国情不一样，股东大会的权利有很大差异
	董事会：是由股东大会选举产生的决策机构，对银行经营的方针、战略和重大投资进行决策。董事的任期一般为2~5年不等，可连选连任。在大多数情况下，董事在银行中并无具体经营职务，也不能在银行领取薪金，但银行给予董事的费用补贴较高。在股东大会休会期间，银行的决策机构实际上就是董事会，由董事长召集，做出各项决策，商业银行董事长由董事会决定
执行层	**总经理（行长）**：是商业银行的行政首脑，其职责是执行董事会制定的经营方针和投资策略，对重大的经营性工作进行判断和决策，组织和实施商业银行日常业务活动的经营管理
	副总经理（副行长）及各业务职能部门：商业银行一般设置若干个副总经理（副行长）以及业务职能部门，如贷款、投资、信托、储蓄、资金交易、金融工程、财会、人力资源和公共关系及研究开发等部门，通常由银行的高级副总经理（副行长）主管各业务部门的工作，而各职能部门由部门经理负责

（续）

组织层次	具体内容
监督层	**监事会**：职责是对银行的一切经营活动进行监督和检查。监事会的检查比稽核委员会的检查更具有权威性，一旦发现问题，可以直接向有关部门提出限期改进的要求
	总稽核：是董事会下设的监督部门，设置的目标在于防止篡改账目、滥用公款和各种浪费行为的发生，确保商业银行资金运行的安全。它与监事会的差别在于监事会是股东大会的代表，可以对董事会进行监督，而总稽核是董事会的代表，其监督职责权限等较小

二、银行的部门体系

从宏观角度看，根据银行的各种不同业务划分，可以将银行部门分为三个体系：业务拓展部门体系、管理部门体系和支持保障部门体系。其具体内容如下表所示。

部门体系	具体内容
业务拓展部门体系	商业银行的业务拓展部门体系是主要由前台处理部门组成的业务流程运行体系，面对分别由政府、金融同业、公司和个人客户组成的细分市场，并形成相对独立的业务部门。现代商业银行的业务部门体系基本上分为两部分：一部分是负责零售业务的部门体系；另一部分是负责批发业务的部门体系
管理部门体系	现代商业银行的管理部门体系包括公共关系、财务管理、信贷管理、项目管理、风险控制、审计、法律事务等部门。此外，西方商业银行还有两个很特别的部门：一个是规则部门，负责落实和满足政府监管机构对银行提出的各种要求；另一个是变动管理部门，专门负责银行的战略制定与实施，负责例外情况的处理 管理部门的主要职责包括：①制定规章制度；②制定业务服务标准和规范；③制定工作指引；④对各业务部门对前三项内容的执行和落实情况进行检查和督导。管理部门不直接从事业务的操作，跟业务部门是分离的，只是负责对业务部门进行管理和控制
支持保障部门体系	支持保障部门体系包括信息技术、人力资源、研究与发展、后勤等后台部门。现代商业银行从节省成本和提高服务效率的角度出发，往往将支持保障部门体系中的部分功能外包出去，交由专业性公司执行

商业银行的部门设置以及业务配合通过三条线索来展开。其中主线索是业务拓展部门体系，它们通过业务发展服务客户、吸引客户，这是商业银行的第一要务，是其生存和发展的基石。第二条线索是管理部门体系，这是商业银行业务部门的制动系统，它们用专业的眼光来判断、建议甚至决定业务规划，评价业务经营的成果。第三条线索是支持保障部门体系，这是业务部门的加油系统。例如，信息技术部门负责电子设备和技术保障与更新；研发部门研究银行业务的前景、行业发展状况与趋势、地区市场特征等问题；人力资源部门招聘、配置、考核和管理员工，解雇富余人员和不称职员工，为员工提供保障计划和实施方案。

三、 银行的职责划分

银行不同部门所担负的职责也各不相同，具体职责可以划分为三类：决策职责、经营管理职责、监督职责（如下图所示）。其具体内容如下表所示。

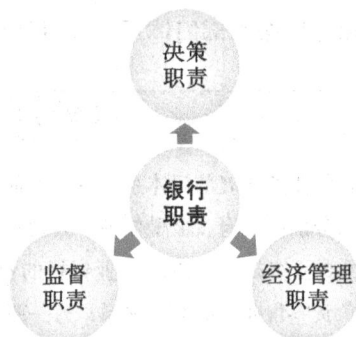

职责划分	具体内容
决策职责	**股东大会**：是现代股份制商业银行的最高权力机构，商业银行股东通过参加股东大会、选举董事、提出建议，对商业银行的有关经营管理的决策进行表决，这也是股东权利的具体体现
	董事会：是由股东大会选举产生的常设机构，是商业银行经营管理的具体决策部门
经营管理职责	**总经理（行长）**：是商业银行经营管理的首脑
	业务部门和职能部门：业务部门是直接与商业银行的具体经营项目有关的部门，其职责是直接面对客户，经办各种商业银行业务；职能部门则主要负责商业银行内部事务的管理

（续）

职责划分	具体内容
监督职责	**监事会**：由股东大会选举产生的常设机构，其具体职责是代表股东大会对商业银行整个经营管理活动进行检查、监督，并对董事会制定的经营方针、重大决策、有关规章制度及其执行情况进行检查，从而确保商业银行资金运行的安全性、盈利性和流动性
	总稽核：职责是检查商业银行的日常业务账目，检查商业银行的会计、信贷及其他各种业务是否违反了政府有关规定，检查商业银行经营管理是否按照董事会的既定方针、规定和程序运作

四、银行组织结构管理的基本原则

银行组织结构管理的基本原则如下图所示。

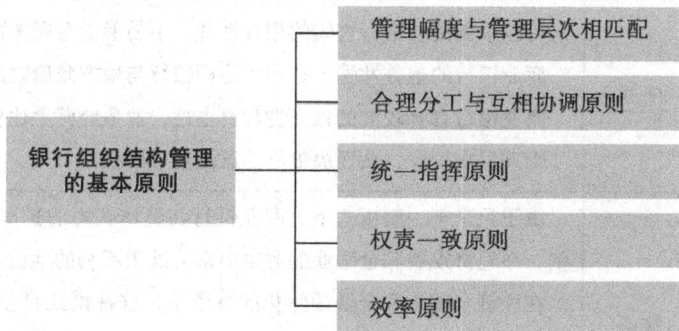

```
                            ┌─ 管理幅度与管理层次相匹配
                            ├─ 合理分工与互相协调原则
银行组织结构管理 ───────────┼─ 统一指挥原则
的基本原则                  ├─ 权责一致原则
                            └─ 效率原则
```

银行组织结构模式

一、银行组织结构模式

我国的银行组织结构模式可以分为四种：单一制组织结构模式、总分行制组织结构模式、集团控股制组织结构模式和连锁制组织结构模式（如下图所示）。其具体内容如下表所示。

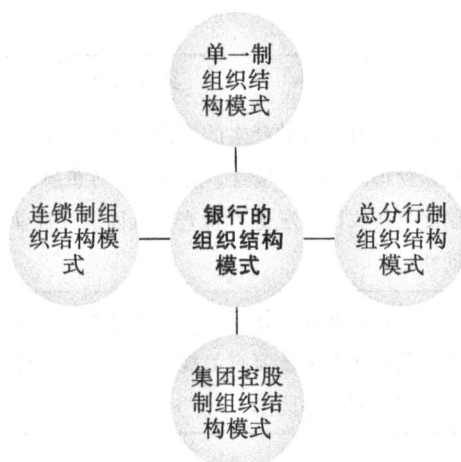

组织结构模式		具体内容
单一制组织结构模式	定义	单一制也叫单元制，是不设任何分支机构的商业银行组织结构模式
	优点	可以限制商业银行之间的相互吞并，不易形成金融垄断 商业银行的地方性强，有利于协调银行与地方政府之间的关系 商业银行具有较大的独立性和自主性，业务经营上比较灵活 管理层次较少，从而决策层的意图传导较快
	缺点	由于只是单一制模式下，商业银行在整体实力的扩展上会受到较大限制，在经济发展和金融业的竞争中常会处于不利的地位 在经济全球化和金融国际化的背景下，这种模式日益显现出不利于经济外向型发展的趋势，甚至人为地造成资本的迂回流动 在信息技术飞速发展的时代，尤其不利于现代信息技术的开发、普及和推广应用，商业银行的业务发展和金融创新受到较大的限制
总分行制组织结构模式	定义	总分行制模式是指法律允许商业银行除设立总行外，还可在不同地区以及同一地区普遍设立分支行并形成庞大的分支网络
	优点	便于吸收各种社会闲置资金，有利于扩大经营规模 便于利用现代化的信息技术和设备，提供优质的金融产品和服务 更容易实现规模经济效益 总分行制模式商业银行的应变能力和风险承担能力较强，各分支机构之间可以通过内部资金调剂来分散和化解风险 实行总分行制模式的国家中商业银行的数量较少，简化了政府对金融领域的控制 总行负责决策，分行负责执行，业务经营战略受地方政府干预较小

（续）

组织结构模式		具体内容
总分行制组织结构模式	缺点	容易加剧银行业的兼并重组，从而导致金融垄断的加速；此外，商业银行内部的管理层次较为繁杂，政府宏观调控的意图在传导中容易出现时滞，从而影响经济政策的实施效果
集团控股制组织结构模式	定义	集团控股制是指由一家控股公司持有一家或多家商业银行的股份的组织结构模式，各商业银行的实际业务与经营决策权统属控股公司掌握。集团控股制模式的最初产生是为了解决商业银行业务发展中的实际问题，即规避跨地区设立分支机构的法律障碍
	优点	集团控股制模式为商业银行在经营管理方面提供了相当大的灵活性，它们甚至可以兼并资产多样化的非银行企业，实现全方位地扩展盈利的目标 商业银行在经济和税收条件较好的情况下，可以有选择地设立分支机构，从而弥补了单一制模式的不足 集团控股公司能有更多的机会进入金融市场、扩大债务和资本总量，从而增强自身实力，提高抵御风险的能力，确保竞争中的优势地位
	缺点	集团控股制模式更容易导致银行业的集中并加速金融垄断的形成，从而不利于商业银行之间开展竞争，在一定程度上影响了商业银行的活力
连锁制组织结构模式	定义	连锁制是指由某一个集团或企业购买若干家具有独立法人资格的商业银行的多数股票，从而控制这些商业银行，将这些商业银行的经营决策权进行集中控制
	评价	连锁制模式与集团控股制模式的作用相同，其中最主要的差别在于连锁制模式中没有集团公司的形式存在，即不必成立控股公司 连锁制模式的优势与集团控股制的基本一致，其缺点在于连锁制模式下的商业银行在业务经营中容易受到个人或集团的控制，在资本扩张、业务发展等方面的独立性和自主性较差

二、 现代信息技术发展对银行组织结构的影响

　　银行高科技投资增加使银行工作效率提高，引发了新的金融经营变革，现代信息技术的发展对银行业的意义将是全球范围的。各国银行业都面临着经营成本高、竞争压力大的威胁，银行拥有庞大的分支机构网络及充裕的人力资源，要向客户提供完善的服务，但银行薪金和其他成本的上涨，使银行利润大幅下降。而近年来商业银行来自贷款的利润不断

减少，利差收益已逐渐退居次要地位。网络经济发展的实质是减少中间费用、库存和流动资金，使生产直达消费，简化组织结构设置。

1. 银行业信息技术投入的发展趋势

各国银行业在自身信息技术方面的投入都是伴随着世界性科技投资迅速增加而同步大幅增长，因为它们都看到了科技投资的巨大回报。

从现实的经验来看，商业银行是现代信息技术运用得最早，也是成效最显著的行业，银行业日益成为现代信息产业竞争的场所。

银行业不是一个新的产业，它没有服务需求剧增突变，信息技术投资的增加，表明了银行经营管理方式的改变和服务方式的创新。银行对客户的传统服务方式将更快地被信息化手段所替代。

商业银行现代信息技术投资发展的另一个新趋势是软件系统的开发与应用在投资中所占比重不断上升。

2. 银行信息化与银行集约化经营

在信息化时代，计算机等先进的信息技术正在迅速取代人的位置。高科技在商业银行中的发展和应用，同样极大地节约了人力资源，商业银行雇员数量持续下降，商业银行的分支机构网络扩张速度也在不断减慢。

从商业银行发展的现状来看，虽然其业务量、资产总额迅速增加，但增量不增人（或分支机构）的趋势十分明显。目前商业银行的零售业务大多是通过自动柜员机和电话银行等信息化终端设备来进行的，银行信息化导致商业银行的柜台服务人员持续减少，这降低了银行的经营成本。

3. 现代信息技术发展对银行经营效率的影响

近年来，随着现代信息技术的发展及其在银行领域的普及运用，商业银行电子化信息系统建立并不断完善，这使得商业银行管理信息系统得到全面升级，并直接影响了商业银行组织结构的变革。

商业银行中级管理层的影响力下降，高级管理层通过现代信息化的控制系统加强了对基础业务经营管理层的控制。同时现代化的信息技术手段也使管理层控制信息乃至控制整个商业银行经营的能力大大加强，从而突破了原有的规模经济和范围经济的限制，使得商业银行的有效经营规模边界和有效业务范围边界都得到了扩张。

4. 中国银行业的集约化经营和减员增效

银行信息化发展导致了两个结果：一是在银行新增资本投入中信息技术占银行成本的比重迅速上升，而劳动投入大幅下降；二是在银行存量资本中劳动力的成本日趋昂贵，占银行成本的绝对量和相对量都迅速提升。这对中国银行业的组织结构管理提出新挑战，中国银行业必须走信息化的道路并进行银行组织结构创新。

从我国各大银行与国外银行的比较中可以看出，我国在银行集约化经营方面与国外的差距很大，存在人多效率低等问题。若不走信息化、集约化道路，中国银行业将无法迎接国际银行业的挑战，中国银行则无法跻身于世界金融之林。

网络银行业务的发展，使新兴银行网点投入开支减少，中资银行机构网点众多的优势不再明显。

电话银行和网络银行技术的开发与运用，逐步使银行柜台服务人员相对过剩，这会给中资银行带来极大的人员过剩压力。因此，中国国有商业银行在积极拓展业务、扩大市场和业务盈利的同时，适时进行改制撤点、减员增效是必然趋势。

银行信息化对银行内部组织设置也提出新课题，信息技术的发展使知识和信息超越银行的传统边界，在全球范围内创建、加工和传播。银行的边界发生了变化，银行内部以部门、岗位等形成的边界也会改变。新的金融服务趋势要求：从以产品为导向，转化为以客户关系为导向；从以交易为主的业务，转化为以信息为主的业务；从被动地依据客户要求提供服务，转化为主动提供各种理财服务；从传统以纸张为主的支付方式，转化为电子支付方式。

运作方式因此会发生数字化改革，与此相适应的组织体制创新必须受到高度重视。金字塔型的组织架构被扁平化架构所替代，由工作团队组成的内部网状结构会使管理更加有效，使信息流动更为畅通。

银行部门设置及其职责

部门	主要职责
办公室	组织总行办公，负责综合协调、公文处理、督办查办、保密档案、分行行长会议和其他重要文件的起草、宣传联络、来信来访以及总行本部行政、财务管理工作
管理信息部	主管全行的业务统计和信息工作，负责汇总和编制各类业务统计报表，对全行经营管理状况进行综合分析评价，组织调查研究，在国际互联网发布信息，搜集处理各类经济、金融信息，主管总行办公自动化工作
计划财务部	编制全行的资金营运计划、财务计划、基建计划和其他综合经营计划，监督计划的执行情况；负责资产负债比例管理、财务管理、利率管理，负责全行的基本建设和固定资产管理；考核分行行长和部门目标责任制执行情况

（续）

部门	主要职责
资金营运部	负责管理全行人民币资金头寸，平衡、调度、融通资金，包括承担全行人民币资金管理工作，按照安全性、流动性、效益性的原则，科学编制资金营运计划，通过内部资金往来价格、存款准备金、系统内借款、内部资金交易等手段，统一配置全行资金，实现全行资产负债管理目标；通过参与我国同业拆借市场、票据市场、债券市场运作，集约化经营资金，提高资金使用效率，促进全行经营效益的提高
个人金融业务部	负责全行个人金融业务的统一开发与管理，包括本外币储蓄业务、个人中间代理业务、个人理财业务、消费信贷业务
公司业务部	负责全行公司金融业务市场营销、客户管理和服务管理，组织开展公司客户银团贷款、委托代理、委托贷款等业务，负责协调行内相关资源，为公司客户提供一站式服务和一揽子解决方案
信贷管理部	负责全行信贷政策管理、制度管理和业务监控，包括组织信贷政策研究，制定行业信贷指导意见，负责全行信贷审批、监测分析和授信管理，并承担总行信贷政策委员会秘书处工作
住房金融业务部	负责全行住房金融政策、制度制定以及业务营销、监控和管理；负责住房按揭证券化工作
资产风险管理部	负责全行信贷资产、投资及其他资产的风险控制和管理。制定全行资产风险控制和管理政策，对资产质量进行分类监测，组织不良资产的清收、转化，负责全行债权管理和呆坏账核销
会计结算部	负责全行会计制度管理、会计体制改革、会计信息监测、会计信息披露，组织结算业务的产品研发和市场推广，推进会计电算化进程，组织综合业务系统的参数管理工作；负责全行资金清算业务，包括人民币资金清算、外汇资金清算、账务管理以及对资金交易进行监督检查；负责基金销售登记与注册
国际业务部	负责全行国际业务系统管理；负责国际结算和对外融资业务管理；建立和发展国外代理行关系；建立和管理我行境外机构及合资机构；负责外汇资金业务的经营与管理；管理全行的外事工作
营业部	负责总行本外币业务的直接经营，主要包括全国性集团公司、大型优秀上市公司、世界 500 强等优秀跨国公司在华投资企业、垄断性和成长性重点行业重点企业的业务经营以及大额低风险贷款、总分行信贷资产转移业务
法律事务部	主管全行的法律事务工作，处理经济诉讼（仲裁）案件和内部经济纠纷等法律事务

（续）

部门	主要职责
信贷评估部	负责全行贷款项目评估、企业信用等级评定、标准定额制定以及信息咨询和资信调查业务
信息科技部	负责全行电子化建设的组织和管理，制定全行信息科技发展规划和制度办法，组织全行科技项目管理、信息工程建设和安全运行，包括计算机系统和网络建设、应用产品设计开发、计算机设备配置和技术培训
稽核监督局	负责全行稽核监督工作。拟订稽核工作计划，制定稽核工作制度办法，组织对总行本部有关部门及境内、外分支机构、附属机构和总行控股公司的全面稽核、专项稽核及稽核调查；负责对总行管理的干部进行离任稽核，组织开展非现场稽核及稽核系统干部培训工作
人事部	负责全行人力资源发展规划和机构管理。制定人事组织管理规划及规章制度，负责干部任免、考核、调配、领导班子建设、工资福利、保险统筹、人员总量控制、机构发展规划、技术职称评定以及党的组织建设、党员管理和发展规划
教育部	负责员工培训、智力引进、院校管理、党员教育、精神文明建设、思想政治工作等
城市金融研究所	开展经济、金融理论研究，编辑发行《中国城市金融》和《城市金融论坛》，承担城市金融学会日常工作
电子银行部	负责全行网上银行、电话银行、手机银行等电子银行业务的发展规划、产品开发、管理协调、宣传营销和电子银行中心的业务运作与客户服务
资产托管部	主管全行资产托管（包括证券投资基金托管、委托类资产托管和 QFII 资产托管）业务工作。负责制定我行资产托管业务的规章制度和办法，进行资产托管业务品种的开发研究和资产托管业务市场开拓，安全保管受托资产，负责基金托管工作的内部稽核和风险控制
机构业务部	负责全行机构客户业务管理和市场营销，主要客户对象包括银行同业、证券保险、政府机构、军队客户、中介机构以及其他非法人性质的机构等
投资银行部	负责全行投资银行业务的规划协调和经营管理，承办或牵头承办投资银行业务，策划和实施我行股份制改造与资本运作方案，负责中间业务的牵头管理工作

Chapter 11

第十一章
银行柜员与新员工培训

银行工作人员当中与客户接触较多的是银行的柜员。正是这些始终面带微笑的柜员，帮助客户解决各种业务问题。那银行柜员有怎样的职责？作为银行基层的他们薪资待遇如何？银行新进员工又要进行哪些培训？本章内容将为你一一详细解答。

| 银行柜员 |

银行柜员一般指在银行分行柜台里直接跟顾客接触的银行员工。银行柜员在最前线工作。他们负责侦察以及停止错误的交易以避免银行有所损失。该职位一般要求受雇者对顾客态度亲切诚恳，为顾客提供银行服务。

一、 银行柜员的主要职责和任职要求

前台柜员负责直接面向客户的柜面业务操作、查询、咨询等；后台柜员负责无需面向客户的联行、票据交换、内部账务等业务处理及对前台业务的复核、确认、授权等后续处理。独立为客户提供服务并独立承担相应责任的前台柜员必须自我复核、自我约束、自我控制、自担风险；按规定必须经由专职复核人员进行滞后复核的，前台柜员与复核人员必须明确各自的相应职责，相互制约、共担风险。

银行柜员的主要职责和任职要求如下表所示。

项目	具体内容
主要职责	第一，对外办理存取款、计息业务，包括输入计算机记账，打印凭证、存折、存单，收付现金等 第二，办理营业用现金的领解、保管，登记柜员现金登记簿 第三，办理营业用存单、存折等重要空白凭证和有价单证的领用与保管，登记重要空白凭证和有价单证登记簿 第四，掌管本柜台各种业务用章和个人名章 第五，办理柜台轧账，打印轧账单，清理、核对当班库存现金和结存重要空白凭证与有价单证，收检业务用章，在综合柜员的监督下，共同封箱，办理交接班手续，将凭证等会计资料交给综合柜员
任职要求	大专及以上学历，一年以上工作经验 熟悉银行柜面管理及日常营运，熟悉相关国家法规及外汇管理政策 普通话流利，计算机汉字、数字录入速度达到相关岗位要求 持"反假货币上岗资格证书"者优先

在银行柜员中，还有一类称之为综合柜员，其工作内容主要包括接待客户、处理货币结算业务和现金业务、授权和管理等。综合柜员的相关内容如下表所示。

项目	具体内容
工作内容	接待柜台客户 处理货币结算业务、现金业务等柜台业务 编制各类业务凭证、报表，确保各项会计业务的正常开展 开立、撤销和变更客户账户
职业要求	**教育培训**：经济类、金融类、财务会计类及相关专业本科学历；持有银行颁发的岗位资格证书 **工作经验**：熟悉本外币支付结算业务及相关政策；有较强的亲和力和沟通能力；熟悉计算机操作
薪资行情	一般月薪为1 500~5 000元，刚参加工作的月薪为1 500~2 000元，薪水会随着经验和年资的提升而增加
职业发展路径	新员工进入银行工作，很多要先从柜员做起，熟悉银行的基本业务和流程。经过一段时间的锻炼后，银行会根据业务需要和个人特点，将合适的人员继续留在柜台，将不合适的调到其他岗位 柜员岗位要求做事细致、有条理，对数字敏感，服务热情，善于沟通。做柜员一样有发展，综合柜员可以向银行客户经理或银行其他专门业务经理的方向发展

二、 银行柜员的薪资待遇

银行柜员的薪酬基本包括三部分：基本工资、绩效工资（或奖金）、业务提成（银行根据柜员每月的业务笔数、营业额、代销理财产品等确定的提成），如下图所示。

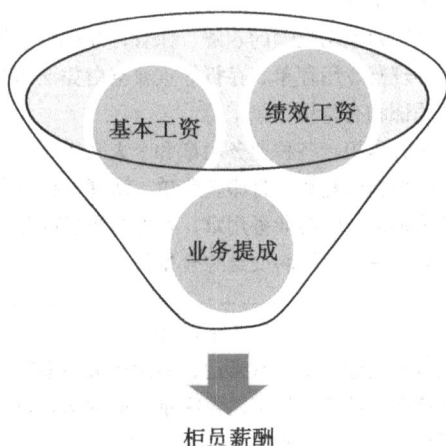

柜员薪酬

各银行的基本工资通常为 3 000~5 000 元，员工会因为技术级别、工龄、学历等不同而拿到不同的薪酬。薪酬的其他相关内容如下表所示。

项目	具体内容
业务提成	绩效工资跟基本工资大体相当，或者略多一些。上述这两种工资加起来，就是大多数柜员月薪的最主要部分，且每个柜员在这方面的差别不太大。业务提成是柜员提高自己收入的重要来源
储蓄所营业额	柜员收入也跟其所在储蓄所的整体效益有关，储蓄所的营业额高，获得的利润多，柜员的收入也会相应多一些。因此，不同储蓄所同一级别的柜员，其收入可能也有差别
高收入秘籍	除去技术级别、工龄、学历等条件外，最能为柜员增加收入的是推销能力。柜员要想提高收入，就必须从服务水平、办理业务的速度及准确性、推销能力等各方面提高自己，多拿"提成"。有的柜员也通过跳槽来提高自己的收入，当自己的业务能力足够强的时候，柜员可以去应聘收入情况更好的银行

三、 银行柜员的职业风险

银行柜员涉及的业务范围较广，在办理各种业务的同时存在一定的业务风险，其职业风险可以分为五类（如下图所示），具体内容如下表所示。

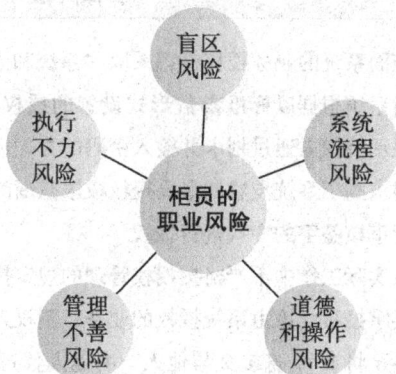

职业风险	具体内容
员工执行规章制度，存在盲区风险	综合柜员制强调单人临柜，柜员可以独立为客户办理本外币对公、储蓄、信用卡等多种金融业务，这就要求柜员对这些业务的规章制度比较熟悉，能够全面掌握并运用于工作实践中。而商业银行中会计人员与储蓄人员之间的岗位交流甚少，有的只熟悉本岗位业务，对其他岗位的业务知识缺乏实践经验，这势必导致综合柜员由于不熟悉规章制度而产生操作风险
员工柜面操作，存在系统流程风险	综合柜面系统取消了复核制度，这就要求柜员对柜面系统的交易和业务处理流程非常熟悉，知道什么交易实现什么功能，什么业务适用什么交易，该采取怎样的业务处理方式 如果对交易和业务处理流程不熟，员工在工作中就会出现用错交易、走错流程等现象。交易、流程一旦错误，会计分录跟着错误，资金流向也发生错误
员工岗位管理模式，存在道德和操作风险	与原来强调"人员分离"的风险控制观念不同，综合柜员制在风险控制方面注重强调"岗位分离"，即设置柜员、综合柜员、业务主管三个岗位，通过同一业务在岗位之间的相互制约来达到风险控制目的 如果在工作中不严格按照岗位制约的要求将二分管或三分管的业务在不同岗位之间进行分工，譬如将银行汇票、汇票专用章、压数机和密押器交与一人保管，就很难控制个别人乘机作案的风险
IC 卡和密码口令，存在管理不善风险	综合柜面系统通过 IC 卡进行柜员身份认证，也通过 IC 卡实现授权和岗位制约。如果柜员在工作中不注意保管好自己的 IC 卡和口令密码，将 IC 卡随意乱放，输入密码时不谨慎被他人偷看，不定期修改密码，甚至将口令密码告知他人，那么就很容易被不法分子有机可乘，给银行带来资金损失

(续)

职业风险	具体内容
执行授权制度，存在执行不力风险	综合柜面系统的业务授权管理采取"系统和人工相结合"的方式进行。系统授权是指系统根据以标准参数形式设置的授权条件自动判断出需要授权的业务，并提示授权人通过划卡并输入密码的方式进行授权；人工授权是指对于实际管理要求高于系统设置的最高授权权限范围的业务，应由授权人通过对有关凭证进行审核签字的方式进行授权 如果在实际工作中不严格按授权管理的规定执行，该由人工授权的业务未经有权人签字授权，该由系统授权的业务，授权人未将柜员录入要素与原始凭证核对，甚至将 IC 卡直接交与他人，由他人代行授权职责，那么同样会给银行带来风险甚至资金损失

四、银行柜员的相关规定

我国各大银行都有对柜员的管理规定，下面以中国农业银行为例进行介绍。

中国农业银行柜员制管理暂行办法

第一条　为适应商业银行业务发展和计算机网络化建设的需要，围绕客户中心的服务理念，切实提高工作效率和服务水平，在增强市场竞争实力的同时，进一步加强内部管理和风险防范，根据《中华人民共和国商业银行法》《中华人民共和国会计法》和《中国农业银行会计基本制度》等法规制度的规定，特制定本办法。

第二条　柜员制是指营业网点的柜员在其业务范围和操作权限内，由单个柜员或多个柜员组合，为客户提供本外币储蓄、对公、信用卡、代理等业务的全部或部分金融服务，并独立或共同承担相应职责、享有相关权限的一种劳动组织方式。柜员制的基本形式是单人临柜，独立为客户提供金融服务。根据滞后复核方式和人员配备情况，可建立多种柜员制形式。

第三条　各行应按照安全、高效、科学的原则，综合考虑营业网点的业务种类、日均业务量、人员素质、辅助设备、经营管理需要和经济环境等因素，在严格区分前台业务和后台业务的基础上，将前台柜员划分为可以办理单项或多项业务的单项柜员、多项柜员和综合柜员。

第四条　前台柜员负责直接面向客户的柜面业务操作、查询、咨询等；后台柜员负责无需面向客户的联行、票据交换、内部账务等业务处理及对前台业务的复核、确认、授权等后续处理。独立为客户提供服务并独立承担相应责任的前台柜员必须自我复核、自我约束、自我控制、自担风险；按规定必须经由专职复核人员进行滞后复核的，前台柜员与复核人员必须明确各自的相应职责，相互制约、共担风险。

第五条　营业网点实行柜员制的基本条件：

1. 实行柜员制前的会计基础工作达到规范化管理三级以上（包括三级）标准；

2. 建立了符合柜员制要求的严谨的劳动组织形式和完善的业务操作规程；

3. 建立了符合柜员制要求的严密的岗位责任制和公平、有效、便于操作和监督的柜员考核机制；

4. 安装了完备的监控系统；配备了合格、充足的出纳机具和防伪设备，确保业务操作安全、准确；

5. 柜员应持有与授权业务相应的专业资格上岗证，从业务知识到操作技能，切实具备办理相关业务的能力；综合柜员必须通过全面培训和严格考核；

6. 营业网点对外服务窗口和内勤人员的配备应确保业务的正常开展。

第六条　建立完善的审批制度。各营业网点在实施柜员制前必须向县级行以上的会计部门提出书面申请，并上报终端和柜员的配备、岗位设置及其职责权限等情况，经县级行签署意见后，报二级分行会计部门审批。二级分行会计部门除认真审核报批材料外，还应对申请网点进行实地验收。

第七条　规范和细化业务操作流程。各行应对不同的柜员制形式，按照不同的业务种类制定科学、严谨的业务操作流程，明确界定操作者、操作依据（如所需单据）、操作内容（如交易选择和录入要素）、操作结果（如打印记账凭证和客户回单）及各个操作环节之间的责任划分。

第八条　建立健全柜员岗位责任制。各行应根据授权业务种类和操作流程，明确柜员的职责权限，并以此作为考核柜员工作绩效、兑现奖惩的依据。实行柜员制的营业网点，必须明确、严格地对柜员经办的业务种类和操作限额进行授权。需要配备复核人员的营业网点，复核人员的业务范围和职责权限必须明确、清晰。

第九条　建立安全、有效的监督复核机制。实行柜员制的劳动组合，必须加强对柜员业务操作的事前、事中、滞后和事后的安全控制。

1. 事前控制。应根据业务的重要性、风险程度和柜员素质，对柜员的业务操作范围和限额进行授权控制。

2. 事中监控。应根据业务的实效性要求、金额大小和应用系统设计情况，分别采用不同的监督控制方式：前台柜员对其经办的每笔业务必须按规定逐笔认真审核原始凭证的真实性、合法性，并确保交易选择及要素录入的准确性、完整性，辅之以监控系统的实时监控；对授权控制的业务，必须由后台柜员或者主管人员进行实时逐笔确认或授权；柜员及主要必须对现金箱、凭证箱及平账器进行适时的检查核对。

3. 滞后复核。复核员应对柜员已办理的业务，采取录入凭证主要要素、确认凭证填写内容和打印内容是否相符等方式，进行滞后复核。

4. 事后监督。在营业网点日终平账前，会计主管（坐班主任）必须审查核对所有柜员日间操作的完整性和准确性；上级管理行对营业网点应进行定期和不定期的检查督导。

第十条　建立健全柜员制考核奖惩办法。各行应以柜员的岗位职责和业务操作流程为基础，按照公平、公正、公开的原则，建立科学、有效的考核奖惩机制，对柜员的劳动量进行合理、准确的计量；对柜员履行岗位职责的情况进行及时、准确的监测。

第十一条　加强现金管理。对柜员现金箱，必须设置最高限额，超过限额的现金应及时上缴入库。交接班时，柜员现金箱应换人盘点。柜员之间的现金调拨必须履行严密的手续。营业终了，柜员应按规定轧账、碰库；管库员应清点实物现金、轧平库存；主管人员应在网点平账前对库存现金余额和日间现金收付情况进行核对。

第十二条　加强重要空白凭证管理。营业网点的重要空白凭证应指定专人保管和领发，做到账证分管。柜员领用重要空白凭证时必须经主管人员审批签字；签发重要空白凭证时必须顺序使用，逐份销号；出售重要空白凭证，必须核对客户提供的预留银行签章；重要空白凭证作废时，必须加盖"作废"章，作为当日表外凭证附件。营业终了，主管人员必须对重要空白凭证进行账、实、簿三核对。

第十三条　严格履行联行业务处理手续。联行业务的录入、复核和编押应分人承担。印、押（机）、证的使用和保管，必须坚持分管分用，必须履行严格的交接手续。联行柜员应按旬逐笔核对汇出汇款，按日核对汇差，按规定时间处理来往账，按规定打印各种联行资料。

第十四条　加强印章使用和密码管理。记账凭证作为对柜员业务交易及处理结果的书面记录，一律加盖业务公章和经办人员名章，经主管审核或授权的记账凭证还应加盖主管人员名章。印章的保管、交接、停用销毁必须办理严密的登记手续，切实明确经办柜员的责任。

柜员密码可选择字母或数字组合，但不得过于简单。柜员密码应定期更换，每月更换不得少于三次。实行密码和磁卡双重控制的柜员密码，每月更换不得少于一次。使用密码封存后交坐班主任入库保管。停用密码交坐班主任登记。

第十五条　加强会计档案管理。柜员应按规定及时装订凭证、账簿和报表，原始凭证和记账凭证应序时装订，可按日分册装订，也可合并装订，但合并最多不得超过五天；分户账账页、日计表应按月装订；各种登记簿、月计表、资产负债表、损益表、年终决算报表等按规定保管期限分类、合并装订。各类会计档案应按照国家及总行有关会计档案管理的法规制度，严格履行会计档案调阅、保管和销毁的规定手续。

第十六条　柜员当天业务处理完毕后方能办理正式签退。已办理正式签退的柜员，必须经会计主管（坐班主任）批准并进行有关登记后方能办理重新签到手续。柜员临时离岗，必须办理临时签退手续。柜员休假或调离，必须经会计主管（坐班主任）批准并按规定办理交接手续。

第十七条　谨慎办理抹账、冲账交易和挂账处理。柜员必须经由主管人员审批后方可进行抹账处理和错账冲正。抹账或冲账时，应在原凭证上用红字注明抹账或冲账交易的凭证号，经主管人员签字后，在有关登记簿上进行序时登记。对不能核销的过渡账务，必须报一级分行会计部门批准后方可进行挂账处理，并在有关登记簿上详细记载挂账金额、挂账原因和处理结果等内容。

第十八条　各行应根据本办法，结合当地具体情况，制定实施细则或补充办法，并报总行备案。本办法由总行财务会计部负责解释。

第十九条　本办法自发布之日起实行。

｜银行新员工培训｜

银行新员工培训是指给银行的新雇员提供有关银行的基本背景情况，使员工了解所从事工作的基本内容与方法，使他们明确自己工作的职责、程序、标准，并向他们初步灌输银行及其部门所期望的态度、规范、价值观和行为模式等，从而帮助他们顺利地适应银行环境和新的工作岗位，使他们尽快进入角色。下图为培训工作流程图。

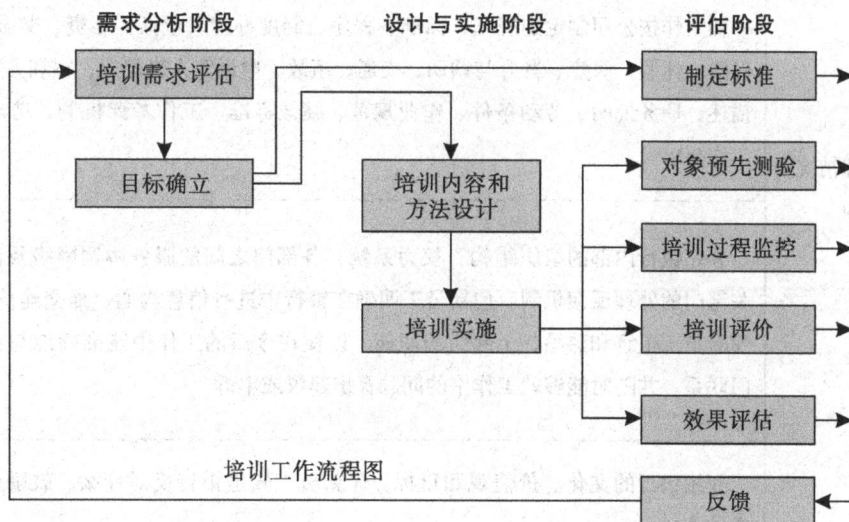

培训工作流程图

一、 银行培训的内容

银行新员工培训的内容大致分为三类：银行内部情况培训、银行业务培训和银行形象培训（如下图所示）。其具体内容如下表所示。

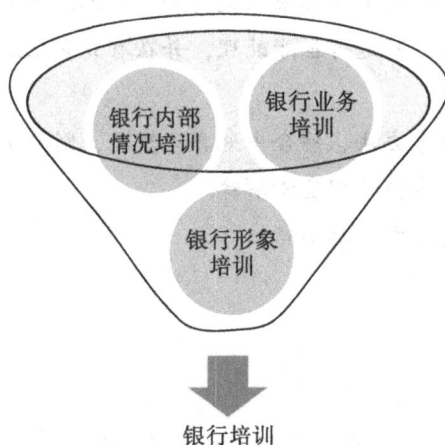

银行培训

银行新员工培训	具体内容
银行内部情况培训	介绍银行的经营历史、宗旨、规模和发展前景，激励员工积极工作，为银行的发展作贡献
	介绍公司的规章制度和岗位职责，要求员工在工作中自觉地遵守公司的规章，一切工作按公司制定的规则、标准、程序、制度办理，包括：工资、奖金、津贴、保险、休假、医疗、晋升与调动、交通、事故、申诉等人事规定；福利方案、工作描述、职务说明、劳动条件、作业规范、绩效标准、工作考评机制、劳动秩序等工作要求
	介绍银行内部的组织结构、权力系统，各部门之间的服务协调网络及流程，有关部门的处理反馈机制。使新员工明确在银行中进行信息沟通、提交建议的渠道，使新员工了解和熟悉各个部门的职能，以便在今后的工作中能准确地与各有关部门联系，并随时能够就工作中的问题提出建议或申诉
	介绍银行的文化、价值观和目标，让新员工知道银行反对什么、鼓励什么、追求什么

（续）

银行新员工培训	具体内容
银行业务培训	介绍银行的经营范围、主要产品、市场定位、目标顾客、竞争环境等，增强新员工的市场意识
	介绍银行的安全措施，让新员工了解安全工作包括哪些内容，如何做好安全工作，如何发现和处理安全工作中发生的一般问题，提高他们的安全意识
银行形象培训	介绍银行员工行为和举止的规范，例如关于职业道德、环境秩序、作息制度、开支规定、接洽和服务用语、仪表仪容、精神面貌、谈吐、着装等的要求

二、 银行员工培训评估体系

银行培训结束后，从下图所示的四方面对新员工培训效果进行评估。具体评估内容如下表所示。

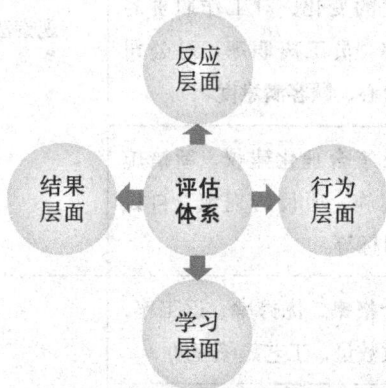

评估层次	指标类型	指标	评估方法	评估主体	评估时间
反应层面	培训的学习状态	出勤率，迟到率，早退率，课堂点头、微笑频率，参与度，私语次数，手机干扰次数，与培训师的沟通次数等	问卷调查法、访谈法、观察法	培训机构	培训结束后
	对培训的满意度	对培训项目、内容、教材、资料、讲师、授课方式、场地、时间安排等的满意度，希望继续培训的比例等			

（续）

评估层次	指标类型	指标	评估方法	评估主体	评估时间
学习层面	培训的基本原理	根据项目的培训目标而定，包括知识结构、理论框架、主要原理与概念	测试、问卷调查、现场模拟、座谈会	培训机构	培训结束后
	培训的基本技能	根据项目的培训目标而定			
行为层面	工作习惯	出勤率、怠工次数与时间、看病次数、违反操作流程与安全规则的次数、沟通破裂的次数、过多的休息、完成工作的速度等	绩效考核、访谈法、观察法	培训机构、学员直接上司、同事、下属	培训结束后三个月或下一个绩效考核期
	员工满意度	赞成性反应、工作满意度、态度的变化、对工作职责的理解、员工离职率、对公司的信心、顾客满意度			
	员工主动度	员工合理化建议、新措施的实施、项目的完成、自设的目标等			
结果层面	工作质量	合格率、优秀率、返工率，事故数量，工艺熟练程度	绩效考核、企业运营情况分析、投资回报率	培训机构、学员直接上级、公司营运部、公司财务部	下一个绩效考核期或一年后
	成本	预算的变化、单位成本、财务成本、流动成本、固定成本、营业间接成本、运营成本、项目成本节约、事故成本、管理成本、平均成本节约			
	时间	设备的限制时间、加班时间、完成服务项目的时间、管理时间、培训时间、开会时间、修理时间、效率（以实践为基础）、工作的中断时间			

（续）

评估层次	指标类型	指标	评估方法	评估主体	评估时间
结果层面	工作氛围	员工不满的数量、歧视次数、员工投诉、工作满意度、组织的承诺、员工离职比例	绩效考核、企业运营情况分析、投资回报率	培训机构、学员直接上级、公司营运部、公司财务部	下一个绩效考核期或一年后
	发展状态	员工升迁的数量、工资增加的数量、参加的培训项目数量、岗位轮调的请求次数、业绩评分的打分情况、工作效率的提高程度			

三、 银行培训的误区

在银行培训系统中，存在着一些误区，具体内容见下表。

培训的误区	具体内容
没有对新员工进行明确的区分	校园招聘新员工和社会招聘新员工是两个完全不同的情况：校园招聘的新员工无经验、无能力，同时还缺少实际的心态，而社会招聘的新员工则正好相反。因此在进行培训时要将两者区别对待
忽略新员工直属主管的作用	银行招募新员工都希望其能为银行创造价值并长期为银行服务，但人才成长是一个长期的过程，任何银行都无法通过新员工培训就帮助其快速成长，其中更多的还要依靠新员工主管长期的培训才能达成。但是很多银行主管在这方面并没有较明确的认知
错误的培训方式	无论是选择内部培训还是外部培训，重要的是考虑培训的对象和背景。很多银行都忽略这个问题，甚至很多专业的培训机构都将其忽略 对于校园招聘的新员工和社会招聘的新员工，由于其背景、经历不同，他们面对培训的心态、讲师培训手法的应用所带来的效果都不相同，如果用相同的方式进行培训，必然会导致其中一方的培训效果低下

第十二章

银行校园招聘与银行资格证书

银行需要什么样的人才？银行在校园招聘中一般采用什么方式？主要考核哪些内容？想要进入银行工作，必须获得什么资格证书？怎样获得？

本章将对上述问题进行详细的解答，带你全面了解银行校园招聘和资格证书考试。

银行校园招聘

银行业在中国金融业中处于主体地位。银行以其高收入、高地位、高稳定等职业特点吸引着越来越多的高校人才。根据统计，银行每年招收新员工人数总计可达 10 万人，而投递简历的人次不低于 100 万，竞争非常激烈。

一、银行校园招聘基本说明

银行校园招聘主要以中、农、工、建、交五大银行为主，其基本说明如下表所示。

基本说明	内容介绍
招聘对象	银行校园招聘面向各大高校应届毕业生公开进行
招考流程	银行招聘考试流程一般为出公告—宣讲会—报名—资格审查（网申阶段）—笔试通知—笔试—面试—入职体检—录用签约—入行报到—开始工作
招考条件	**素质**：具备良好的政治素质、优秀的思想品德，遵纪守法，诚实守信，具有良好的个人品质和职业操守，认同银行企业文化和价值观，愿意履行银行员工的义务和岗位职责。具有较强的团队合作精神、沟通能力、学习能力、创新意识和责任意识，具备良好的心理素质、仪表气质和身体素质
	专业：一般来说，银行可以接受的专业比较多，银行对专业的要求并不是很严格，只是经济金融类专业的学生考试更有优势
招考时间	银行招考的时间分为两个阶段：第一阶段，也是主要招聘时间，为每年9月到次年1月，是招聘合同工的主力阶段；第二阶段，即春季补招，主要招聘年前未满的岗位和派遣制员工，时间在每年的3月~6月

二、银行招考方式及内容

1. 笔试

工、农、中、建、交五大行实行全国统考，即在统一时间安排网上申请通过的人员在指定地点参加机试。考试内容分为行政能力测验、英语、专业课和心理测试。其他如浙商银行等也开始实行统考，可见统考是银行笔试的一个总体趋势。

2. 面试

面试一般由分行组织，分为一轮到两轮不等，采取的主要形式有结构化面试、半结构化面试和无领导小组面试。只有通过面试，才有可能进入银行。

三、银行招考的准备

对于银行招聘的笔试和面试两个阶段，需要进行不同的准备。

1. 银行笔试准备

银行校园招聘笔试由总行统一组织考试，全国统考。笔试分为三大块内容：英语、行政能力测试和银行专业知识（如下图所示）。英语重点在于平时的积累，而行政能力测试和银行专业知识是得分的关键。

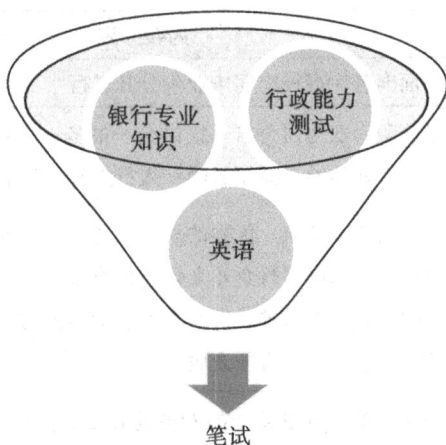

笔试

五大国有商业银行的笔试需要做全面准备，三大块内容都会涉及。部分股份制银行只考行政能力测试或银行专业知识。

银行笔试中的行政能力测试题量较大，需要进行全面系统的复习。银行专业知识涉及的科目有：微观经济学、宏观经济学、金融学、货币银行学、国际银行学、国际经济学、财务管理、会计学、合同法、公司法、商业银行法、票据法、银行专业知识、国际贸易、国际结算、计算机等，此外还会涉及公共管理、财政学等课程，范围十分广泛，涉及的考点也较多，对考生的要求较高。

2. 银行面试准备

中资银行的面试一般分为两轮，一面和二面。一面主要是自我介绍和结构化面试，二面主要是无领导小组面试。由于是面对面的心理素质挑战，面试需要进行系统化训练。一方面可参考过来人的经验，可在网上查看往届生的面试经验；另一方面，购买一些面试书籍了解要点，最重要的是要进行实战演练，此时可考虑参加某些专门针对银行的面试培训课程。

四、银行校园招聘的相关内容

银行校园招聘考试还会涉及银行的部分相关内容，下表进行简单罗列，以供参考。

考试内容	内容介绍
中国的股份制商业银行	目前，通过银监会批准成立的股份制商业银行共有13家，包括中信银行、中国光大银行、华夏银行、广东发展银行、深圳发展银行、招商银行、上海浦东发展银行、兴业银行、中国民生银行、恒丰银行、浙商银行、渤海银行、平安银行 这些银行在各地区都会进行校园招聘，但没有商业银行招聘的人数多，这类银行的收入往往比五大行高

（续）

考试内容	内容介绍
商业银行的部门	总体来说，商业银行的部门分为：管理部门，包括行长办公室、行政事务部门、人力资源部、财务会计部门、法律部门等；业务部门，包括公司金融部、个人金融部、金融机构部、资金财务部；支持部门，包括信息科技部等
银行招聘的职位类型	柜面业务类指坐在柜台里面办理业务的员工，一般分为对公柜面（低柜）和对私柜面（高柜） 　　**对公柜面**：专做公司业务，主要工作内容是开具和接收支票、本票、贷记凭证等，不接触现金，一般数额较大 　　**对私柜面**：银行常见的储蓄柜台
	客户营销类是指发掘公司及个人潜力客户，维持客户关系，营销各类金融产品及服务，满足客户需求的员工，分为对私客户经理和对公客户经理 　　**对私客户经理**：即零售客户经理，主要工作内容是推销理财产品，负责个人贷款等 　　**对公客户经理**：主要负责公司信贷业务
	产品维持类：分析客户与市场需求，设计产品与服务方案，制定并开展营销活动
	风险控制类：预防与控制信用风险、市场风险和操作风险，监测市场风险指标，管控运行风险，常与银监局、中国人民银行等部门打交道
	信息科技类：开发和应用测试软件，安装和维护硬件系统，为银行办公提供后台支持
银行的职业规划	总体来说，在银行工作收入高，相对稳定，有较好的福利薪酬，只要具备足够的实力，上升的空间很大 　　对于有社会资源的人来说，走营销、市场路线比较好。而对于缺少社会资源的人来说，进入人力资源、计划财务和风险部门则非常不错，这些部门都有很大的权力，但是需要的人脉资源相对较少 　　一般来说，有管理、技术和市场三种发展路线：管理即走行政路线，如果具有较高的综合管理能力，具有领导的潜质，可以选择走行政路线；技术指的是风险管理、产品开发、业务评审等，具有较强的专业性要求，适合专业能力较强的人；市场即客户经理岗位，适合有开拓精神，喜欢与别人沟通的人，拥有一定的资源背景对工作会有较大的帮助

（续）

考试内容	内容介绍
银行招聘中"劳动合同制"和"劳务派遣制"的区别	银行招聘的岗位可以分为两大类：劳动合同制和劳务派遣制。和银行直接订立劳动关系的，是劳动合同制员工，也就是所谓的正式工。劳务派遣制员工则是与劳务派遣公司订立合同，而劳务派遣公司再与银行订立合同。两者在福利、工资待遇以及社会保障方面会有所不同。但在岗期间两者的薪资福利差别并不是很大，只是工资的计算基础不一样
银行的招聘流程	**网申：**主要申请网站为各大银行官网、中华英才网、智联招聘、前程无忧、应届生求职网等
	参加条件：①本科及以上应届毕业生；②主要专业为经济、金融、财会、工商、法律、英语、计算机以及部分理工专业；③大部分银行不限专业
	笔试（通过网申后）：笔试分专业科目和行政能力测试 **专业科目：**微观经济学、宏观经济学、货币银行学、金融学、国际金融学、会计学、财务管理、国际贸易、国际结算、法律、银行专业知识、计算机等 **行政能力测试：**言语理解、逻辑判断、数理推导、基本常识、资料分析
	面试（通过笔试后）：主要为结构化面试和无领导小组面试，部分银行有英语口语面试；一般有两轮面试
	时间：各大银行启动校园招聘的时间一般在每年的 9 ~ 12 月以及次年的 1 月，一般在年前发 OFFER

银行资格证书

中国银行业从业人员资格认证简称 CCBP。它是由中国银行业从业人员资格认证办公室负责组织和实施的银行业从业人员资格考试。

建立银行业从业人员资格认证制度是依法从事银行业专业岗位的学识、技术和能力的基本要求。中国银行业从业人员资格认证制度，由四个基本环节组成：资格标准、考试制度、资格审核和继续教育。

一、 银行资格证书简介

银行资格证书是进入银行工作的一个重要凭证，其具体内容如下表所示。

证书简介	具体内容
认证意义	我国银行到 2012 年，将基本完成现有从业人员资格认证考试工作；公共基础证书成为行业上岗标准；逐步实施专业证书分级管理。因此，早日取得资格认证对个人的职业发展会有很大的裨益和帮助
证书获取	参加银行业从业人员资格证书相应科目的考试并通过 提出证书申请 通过资格审核 已获得公共基础证书方可进行专业证书申请 认证委员会规定的其他条件
组织管理	2006 年 5 月 10 日，中国银行业协会召开第三届理事会第六次会议，通过了中国银行业从业人员资格认证工作报告和成立中国银行业协会银行业从业人员资格认证委员会的议案。与此同时，中国银行业协会秘书处组织专家工作小组制定了《中国银行业从业人员资格认证制度暂行规定》等制度性文件和 2008 年银行从业资格考试培训大纲等

二、 银行资格证书考试

中国银行业从业人员资格认证考试是中国银行业从业人员资格认证委员会统一组织的银行业从业人员资格认证的考试。中国银行业协会银行业从业人员资格认证委员会授权中国银行业从业人员资格认证办公室组织和实施考试。

1. 报名信息

银行资格证书考试的时间为每年的 5 月、10 月，考试报名及相关信息发布均通过中国银行业协会网站进行。中国银行业从业人员资格认证专业科目考试采取网上报名方式。考生需在中国银行协会网站上报名参加。报名流程图如下图所示。

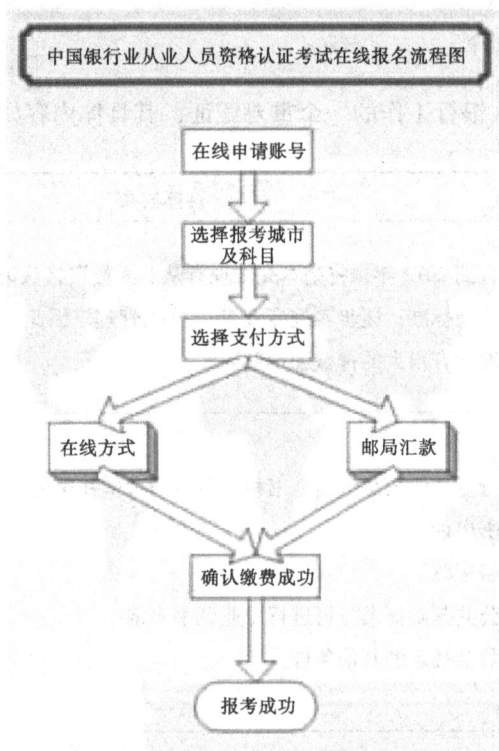

资格考试面向社会开放。符合以下条件的人员，可以报名参加资格考试：第一，年满18 周岁；第二，具有完全民事行为能力；第三，具有高中以上文化程度。

有下列情形之一的人员，不得报名参加考试，已经办理报名手续的，报名无效：第一，因故意犯罪受过刑事处罚的；第二，曾被银行及金融业机构开除公职的；第三，曾被处以两年内或终身不得报名参加资格考试处理的。

2. 考试信息

银行资格考试统一大纲、统一命题、统一考试。资格考试的科目、题型等详见下表。

考试信息	具体内容
考试科目	考试科目为银行业法律法规与综合能力、银行业专业实务。其中，银行业专业实务下设个人理财、风险管理、公司信贷、个人贷款、银行管理五个专业类别。考生可自行选择任意科目报考。按照《中国银行业从业人员资格证书管理暂行办法（试行）》的规定，通过"银行业法律法规与综合能力"考试并获得证书是获取专业证书的必要前提
考试题型	全部为客观题，包括单项选择题、多项选择题和判断题。其中，单项选择题 90 道，多项选择题 40 道，判断题 15 道

（续）

考试信息	具体内容
考试时长	120 分钟
考试形式	银行从业资格考试实行计算机考试，采用闭卷方式
考试大纲	中国银行业从业人员资格认证考试银行业法律法规与综合能力科目考试大纲 中国银行业从业人员资格认证考试风险管理科目考试大纲 中国银行业从业人员资格认证考试个人理财科目考试大纲 中国银行业从业人员资格认证考试公司信贷科目考试大纲 中国银行业从业人员资格认证考试个人贷款科目考试大纲 中国银行业从业人员资格认证考试银行管理科目考试大纲

银行资格考试成绩分为"通过"和"未通过"，由考试办公室公布并颁发资格考试成绩证明，资格考试成绩两年内有效。

考试分数可登录中国银行业协会的网站查询（如下图所示）。在网站右上角 CCBP 考试专区，考生可凭原报考账号和密码直接登录查询，也可以短信查询。

3. 考试注意事项及法律规范

（1）注意事项

第一，考生应如实填写报名信息。其中，"银行业从业人员"特指受中国银行业监督管理委员会监管的银行业金融机构中的从业人员。

第二，根据《中国银行业从业人员资格证书管理暂行办法（试行）》的相关规定，凡非银行业从业人员参加并通过资格认证考试的，由认证委员会颁发银行业从业人员考试成绩合格证明。成绩合格证明两年内有效，满足申请条件的人员可在规定日期内提交证书申请。

第三，已参加过往次考试的考生可凭原报考账号和密码直接登录报名系统报名。

第四，请考生在填报个人信息时，注意认真核对个人身份证号码、手机号码、所在单位等关键信息项，确保信息真实准确，避免因本人填报信息有误导致报名发票无法顺利寄达、资格审查未能通过等问题。

第五，本次考试在指定城市开设考点，请考生就近选择报考城市。由于考试机器数量限制，各考点报满后不再接受报名。

第六，考生可通过在线支付或邮局汇款的方式进行缴费，缴费必须在规定时间内完成（通过邮局汇款的，日期以邮戳为准）。

第七，请考生注意协调个人工作时间，避免与考试时间发生冲突。

第八，根据《中国银行业从业人员资格证书管理暂行办法（试行）》规定，银行业从业人员获取资格证书必须满足以下条件：①参加并通过银行业从业人员资格认证相应科目的考试；②提出证书申请；③通过资格审核；④已获得公共基础证书方可进行专业证书申请；⑤认证委员会规定的其他条件。

除上述内容外，我们还需了解以下信息。

第一，准考证打印。

在规定时间内，考生凭报名时获取的账号和密码登录中国银行业从业人员资格认证考试页面自行打印准考证。

第二，考生退考。

已缴费并被确认报名有效的考生，如因特殊情况不能参加考试，可于规定时间内在线进行退考申请。手续费每科次10元将直接从报名费中扣除，余款在退考工作结束15个工作日后退回。

第三，发票寄送。

为保证发票邮寄工作的有效开展，请考生务必在报名时认真填写并核实报考信息中的通信地址及邮编。发票将于指定时间起按所填报地址分批邮寄至考生。

第四，考试信息。

考生报考期间，请及时登录中国银行业协会网站查询最新信息，以免错过重要信息通告。

第五，考生咨询。

考生在报名期间，如遇忘记登录账号及密码、无法缴费等技术性问题，请拨打客服热线。

（2）法律规范

第一章 总则

第一条 为规范中国银行业从业人员资格考试（以下简称资格考试），根据《中国银行业从业人员资格认证制度暂行规定》和《中国银行业协会银行业从业人员资格认证委员会工作规则》，制定本办法。

第二条 资格考试是中国银行业从业人员资格认证委员会统一组织的银行业从业人员资格认证的考试。

第三条 中国银行业协会银行业从业人员资格认证委员会授权中国银行业从业人员资格认证办公室（以下简称认证办公室）组织和实施资格考试。

第四条 资格考试统一大纲、统一命题、统一考试。

第二章 考试

第五条 资格考试每年5月、10月各举行一次。具体考试日期在每次考试前两个月向社会公布。特殊情况另行规定。

第六条 资格考试主要测试应试人员所具备的银行相关的专业知识、技术和能力。

第七条 资格考试分公共基础科目和专业科目。公共基础证书的考试内容为银行业从业人员从业资格的基础知识。专业证书的考试内容为银行业从业人员相关的专业知识和技能。

第八条 资格考试大纲由认证办公室组织制定。

第九条 资格考试的命题范围以公布的考试大纲为准。

第十条 资格考试实行计算机考试，采用闭卷方式。

第十一条 资格考试统一评卷。

第三章 考试组织

第十二条 认证办公室设立中国银行业从业人员资格考试办公室（以下简称考试办公室），具体承办资格考试工作。

第十三条 资格考试的报名、考场设置、考试纪律、监考、评卷等考务事项，由考试办公室依据本办法另行规定。

第四章 报名条件

第十四条 资格考试面向社会开放。符合以下条件的人员，可以报名参加资格考试：

（一）年满18周岁；

（二）具有完全民事行为能力；

（三）具有高中以上文化程度。

第十五条 有下列情形之一的人员，不得报名参加考试，已经办理报名手续的，报名无效：

（一）因故意犯罪受过刑事处罚的；

（二）曾被银行及金融业机构开除公职的；

（三）依照本办法第十九条的规定，曾被处以两年内或终身不得报名参加资格考试处理的。

第五章　考试成绩

第十六条　资格考试成绩分"通过"和"未通过"。

第十七条　资格考试成绩由考试办公室公布并颁发资格考试成绩证明。

第十八条　资格考试成绩两年有效。

第六章　责任

第十九条　应试人员有以下情形之一的，经考试办公室确认后，视情节、后果分别给予警告、考试成绩无效、两年内或终身不得报名参加资格考试等处分：

（一）考试报名时本人隐匿或伪造资格认证所需真实信息的；

（二）违反考场纪律，扰乱考场秩序，有作弊等违纪行为的。

第二十条　考试工作人员有违纪行为的，视情节、后果给予相应的处理；情节特别严重，构成犯罪的，由司法机关处理。

第七章　附则

第二十一条　本办法由中国银行业协会银行业从业人员资格认证委员会负责解释。

第二十二条　本办法自发布之日起施行。